LES
FEMMES FORTES

COMÉDIE

EN TROIS ACTES, EN PROSE

PAR

VICTORIEN SARDOU

PARIS

MICHEL LÉVY FRÈRES, LIBRAIRES-ÉDITEURS

RUE VIVIENNE 2 BIS

—

1861

LES FEMMES FORTES

COMÉDIE

Représentée pour la première fois à Paris, sur le théâtre du Vaudeville,
le 31 décembre 1860.

DU MÊME AUTEUR

La Taverne, comédie en trois actes, en vers.
Les Premières armes de Figaro, comédie en trois actes.
Les Gens nerveux, comédie en trois actes.
Monsieur Garat, comédie en deux actes, mêlée de chant.
Les Pattes de Mouche comédie en trois actes.

Paris. Imprimerie Pillet fils aîné, rue des Grands-Augustins, 5.

LES
FEMMES FORTES

COMÉDIE

EN TROIS ACTES, EN PROSE

PAR

VICTORIEN SARDOU

PARIS
MICHEL LÉVY FRÈRES, LIBRAIRES-ÉDITEURS
RUE VIVIENNE, 2 BIS

1861

PERSONNAGES

QUENTIN..	MM.	Numa.
JONATHAN..		Félix.
TOUPART		Chaumont.
LAZARO-WITCH..		Munié.
LACHAPELLE...		Boisselot.
CLAIRE..	Mmes	Fargueil.
Mme TOUPART...		Guillemin.
Mme LAHORIE..		Jane Essler.
DEBORAH..		Alexis.
GABRIELLE		Blanche Pierson.
JENNY...		Simon.
JEAN...	M.	Roger.

Le 1er acte à Paris, le 2e et le 3e à Marville, près du Havre.

———————

S'adresser, pour la mise en scène, à M. BRIERRE, souffleur-copiste au théâtre.

LES
FEMMES FORTES

ACTE PREMIER

Un salon. — Trois portes au fond. — A gauche, un bureau. — Au-dessus, deux vases. — Une fenêtre. — A droite, une cheminée avec deux vases, pendule. — Un guéridon, chaises, etc.

SCÈNE PREMIÈRE

GABRIELLE, JENNY.

Gabrielle regarde par la fenêtre ; Jenny assise, lit un roman.

GABRIELLE.

Ah ! que ce n'est pas beau, les hauteurs de Chaillot, quand on les admire tous les jours depuis l'âge de raison !... Je ne vois que le Champ de Mars qui poudroie, la Seine qui verdoie, et personne qui se noie ! Jenny !

JENNY.

Quoi ?

GABRIELLE, descendant en scène.

Tu t'ennuies, n'est-ce pas ?

JENNY, jetant le livre.

Oh ! oui !... La jolie existence que nous menons depuis que papa est parti pour New-York ! Père dénaturé, qui n'a pas voulu nous emmener !...

GABRIELLE.

Ah ! Dieu !... voyager !... Changer de place, être secouée, bal-

1

lottée et faire naufrage, quel bonheur!... Au moins cela changerait l'heure des repas !

JENNY, soupirant.

Si seulement on avait le droit de rêver à son aise !

GABRIELLE.

Oui, c'est bon pour toi, qui passes ta journée à lire des romans. Mais moi, il faut que je m'agite, que je me déplace, que je coure... (Allant et venant.) Je suis ici comme une lionne en cage, je voudrais égratigner quelqu'un, et je sais bien qui !

JENNY.

Et moi aussi. C'est mademoiselle Claire. (Elle se lève.)

GABRIELLE.

Voilà une compagnie que papa avait bien besoin de nous donner avant son départ !

JENNY.

Au lieu de nous confier à notre tante Toupart, qui loge au deuxième étage !

GABRIELLE.

Une demoiselle qui fait du zèle, sous prétexte que papa est son parrain, qui prend ses fonctions de chaperon au sérieux, nous défend de sortir à nos heures...

JENNY.

De lire les livres qui nous plaisent...

GABRIELLE.

N'a en tête que nos leçons, les convenances, la morale et autres soins domestiques.

JENNY.

Prosaïque comme un livre de cuisine !...

GABRIELLE.

Et avec cela si douce, si prévenante, si bonne, qu'elle a trouvé le moyen de n'être jamais dans son tort, ce qui fait qu'on enrage encore bien plus, parce qu'on ne peut rien lui reprocher.

JENNY.

Comme c'est gai ! (L'heure sonne.) Ah !

GABRIELLE.

Quoi donc ?

JENNY.

Rien ! (A elle-même.) Une heure ! Il va passer.

GABRIELLE, regardant par la fenêtre.

Tiens! Voilà ton prince monténégrin, M. Lazarowitch Durandoio à cheval!

JENNY.

Ah!

GABRIELLE.

Toujours le soupir aux lèvres! Pauvre jeune homme! Viens donc le voir, il est plus triste que jamais!

JENNY, voulant la retenir.

Es-tu folle! Après ce qui est arrivé...

GABRIELLE.

Quoi! parce que mademoiselle Claire l'a prié de ne plus venir si souvent?... Elle ne nous a peut-être pas défendu de le saluer!

JENNY.

C'est vrai!

GABRIELLE, à la fenêtre.

Bonjour, monsieur. Vous allez en promenade?

LAZAROWITCH, dehors, soupirant.

Hélas, oui! mademoiselle! je vais au bois!

GABRIELLE, se retournant vers Jenny, en imitant son soupir.

Il va au bois!

JENNY.

Mauvaise!

LAZAROWITCH, de même.

Oserai-je vous demander comment se porte mademoiselle Jenny?

GABRIELLE, l'imitant.

Hélas! elle ne va pas mal, monsieur.

JENNY, avec reproche.

Gabrielle!

GABRIELLE, poussant Jenny vers la fenêtre.

Car elle est là, qui se cache derrière moi, pour que vous ne la voyiez pas!

LAZAROWITCH, dehors, soupirant:

Ah! Adieu, mademoiselle!... Adieu! (Il s'éloigne.)

JENNY descend.

La! tu vois bien, tu l'as blessé avec tes railleries.

GABRIELLE, riant.

Il est trop triste aussi, ton Lazarowitch.

JENNY.

Pauvre jeune homme... Il est exilé !

GABRIELLE.

Sur la terre étrangère !...

Oui ! Eh bien, cela ne m'étonne pas, s'il était gai comme cela dans son pays.

JENNY.

Oh ! tu n'as pas de cœur, tiens ! Si je te disais que M. Lachapelle est laid, moi !...

GABRIELLE, vivement.

Je ne sais pas ce que tu veux dire avec ton M. Lachapelle ! M. Lachapelle est un ami de papa, et...

(Toupart entre par le fond.)

JENNY, riant.

Alors, pourquoi rougis-tu ?...

GABRIELLE.

Je ne rougis pas !

JENNY.

Si !

GABRIELLE.

Non !

SCÈNE II

Les précédents, TOUPART.

TOUPART, un panier à la main.

Eh bien ! Eh bien ! On se dispute ici ?

GABRIELLE.

Ah ! c'est mon oncle Toupart ! Comment va ma tante ?

TOUPART.

Bien... Elle va bien ! (A Gabrielle, qui veut regarder ce qu'il y a dans le panier.). Prends garde !

JENNY et GABRIELLE.

Qu'est-ce que c'est donc ?

TOUPART.

Ce sont des œufs !

JENNY.

Tu es allé au marché?

TOUPART.

Oh! j'y suis allé sans y aller!... Mais en flânant, on voit un œuf... on se dit : Tiens, tiens, voyons donc s'il est frais... celui-là... et on se laisse entraîner à en acheter...

GABRIELLE, regardant dans le panier.

De quoi faire une omelette!...

JENNY.

Avec une langouste!...

GABRIELLE.

Et des fruits!... (Elle porte le panier sur une chaise, près de la cheminée.)

TOUPART.

Oui, je me suis encore laissé entraîner... Je ne sais pas trop comment tout ça est là dedans?...

GABRIELLE.

Enfin, tu es un homme de précaution, toujours... puisque tu avais pris ce panier.

TOUPART.

Oh! je l'ai pris sans le prendre... pour me donner une contenance!

GABRIELLE.

Ah çà, mais, ta bonne, qu'est-ce qu'elle fait donc?

TOUPART.

La bonne! Il faut bien qu'elle garde la maison quand je n'y suis pas. Si on sonnait... ce n'est pas madame Toupart qui ouvrirait!

GABRIELLE et JENNY.

Pourquoi?

TOUPART.

Pourquoi? Ah çà, vous ne connaissez donc pas encore votre tante, depuis que vous êtes sorties de pension? Mais ce n'est pas une femme comme les autres, Pulchérie... C'est une femme... une femme... une femme supérieure!

GABRIELLE.

Supérieure à quoi?

JENNY.

Supérieure à qui?

TOUPART.

A tout le monde, et à moi, d'abord, je le dis avec orgueil.

Elle m'écrase de sa supériorité! Quand je me mariai, feu votre grand-père me dit en sortant de l'église : « Mon gendre, vous pouvez vous vanter d'avoir là une femme comme on en voit peu. Ce n'est pas ma Pulchérie qui perdrait son temps à broder ou à coudre; elle ne sait faire œuvre de ses dix doigts... rien!... n'attendez rien de Pulchérie; mais c'est une femme d'esprit, une femme faite pour le commandement.... une femme, enfin, à qui il n'a manqué que d'être un homme pour être parfaite. »

JENNY.

Mais qu'est-ce qu'elle fait tandis que tu vas au marché?...

TOUPART.

Ce qu'elle fait!... Pulchérie?... Mais elle travaille énormément... de tête... elle est toujours au fait de ce qui se passe... hors de chez elle... et elle est tellement au-dessus des petites choses, des détails vulgaires (Jenny et Gabrielle remontent en riant), des niaiseries du ménage, que j'en suis toujours à me demander comment le jour des noces elle ne m'a dit avec dédain : « Fi, monsieur Toupart, je suis au-dessus!...» (Se reprenant.) Qu'est-ce que je dis donc là, moi! (Haut.) Où donc est mademoiselle Claire?

SCÈNE III

LES PRÉCÉDENTS, CLAIRE.

CLAIRE, portant des fleurs.

La voilà! Bonjour, monsieur Toupart.

TOUPART.

Bonjour, mademoiselle: vous venez du jardin?... (Il remonte vers son panier.)

CLAIRE.

Oui, vous voyez. Eh bien, Jenny... Gabrielle... et ce piano!... Mais, malheureuses enfants, c'est l'heure du piano!

GABRIELLE.

Je suis si mal disposée ce matin!... (Elle prend des mains de Claire deux bouquets, qu'elle va mettre dans les vases sur la cheminée.)

JENNY.

Et moi...

CLAIRE.

Ah! que ce n'est pas bien, cela... de grandes filles qu'on laisse seules et qui se conduisent comme des enfants de six ans.

GABRIELLE.

J'ai des éblouissements...

JENNY.

Et moi des palpitations!...

CLAIRE.

Gabrielle a des éblouissements, et le cœur de Jenny palpite à la pensée d'une promenade au bois de Boulogne...

GABRIELLE, à demi-voix.

Il y a de cela!

CLAIRE, allant au bureau.

Voilà ce que c'est. Au lieu de travailler, on se met à sa fenêtre. Il fait un joli soleil, on voit passer du monde à pied, à cheval... (Avec intention.) A cheval surtout... (Mouvement de Jenny.) Et tous avec des visages si joyeux, si gais... (Elle met un bouquet dans chacun des vases qui sont sur le bureau.)

GABRIELLE.

Oh! si gais! Pas tous!

CLAIRE.

Mais jusqu'à M. Lazarowitch, que j'ai rencontré fredonnant sa petite chanson...

JENNY, vivement.

Lui?

CLAIRE. (Elle s'assied près du bureau et ouvre un livre de comptes.)

Il faut croire que ma vue, pauvre jeune homme!... lui a rappelé soudain les douleurs de l'exil... car c'est avec un soupir déchirant qu'il m'a saluée, et les chants avaient cessé.

JENNY.

Quelque air de son pays... une ballade.

CLAIRE.

Oui, un air de Bataclan!

GABRIELLE, à Jenny.

Attrape!

JENNY, à demi-voix.

Qu'elle est mauvaise! Oh! je voudrais aller au bois de Boulogne... pour le voir.

GABRIELLE.

Attends! (Elle passe et va à Claire, se penchant sur elle et d'un air câlin.) Petite maman... est-ce que vous ne voulez pas que nous allions faire une promenade dans l'intérêt de notre santé?

CLAIRE.

Mais je ne peux pas vous accompagner, chère enfant! Lundi, c'est le jour de mes comptes.

TOUPART, sautant.

Lundi!... c'est lundi... le jour de ma blanchisseuse!

GABRIELLE.

Eh bien?

TOUPART, effaré, reprenant son panier.

Et mon linge qui n'est pas compté! Et vous ne me dites pas d'aller compter mon linge!

CLAIRE.

Mais...

TOUPART.

S'il est possible d'oublier... un homme de ménage!...

(Il se sauve par le fond.)

SCÈNE IV

LES PRÉCÉDENTS, moins TOUPART.

CLAIRE.

Il court bien... pour une femme!...

JENNY, à Gabrielle.

Est-elle assez mauvaise! (Allant à Claire.) Petite maman...

GABRIELLE.

Vous ne voulez donc pas que nous sortions?...

CLAIRE.

Mes pauvres enfants, je ne veux que ce qui vous fait plaisir, moi... et je suis trop bonne, je vous gâte, votre père me grondera.

GABRIELLE, l'embrassant.

C'est dit, nous sortons! avec Jean!

CLAIRE. (Elle se lève.)

Non! non! Avec Denise! c'est plus convenable... et je suis sûre d'elle!

JENNY, à part.

Comme si nous n'étions pas assez grandes pour nous conduire nous-mêmes!...

GABRIELLE, de même.

Mais elle viendra, la liberté, elle viendra! Et ce jour-là!...

JEAN, annonçant.

M. Lachapelle !

CLAIRE.

Qu'il entre !

SCÈNE V

LES PRÉCÉDENTS, LACHAPELLE.

LACHAPELLE, saluant.

Mesdemoiselles...

CLAIRE *.

Je vous demande pardon pour elles, monsieur Lachapelle...
Ces demoiselles sortent au moment où vous arrivez...

GABRIELLE, vivement.

Oh ! nous pourrions...

CLAIRE.

Non ! non ! C'est une promenade de santé, et puisque monsieur veut bien le permettre...

GABRIELLE, à part.

La !... maintenant que cela m'est désagréable !

JENNY.

Viens-tu ?

GABRIELLE.

Oui ! (Elles saluent et sortent.)

SCÈNE VI

CLAIRE, LACHAPELLE.

CLAIRE.

Je regrette bien, monsieur Lachapelle, une sortie...

LACHAPELLE, l'interrompant.

Permettez-moi de m'en féliciter, mademoiselle, car je venais solliciter la faveur d'un entretien particulier...

CLAIRE.

Avec moi ?

LACHAPELLE, s'asseyant.

Si vous voulez bien le permettre. (Claire s'assied à droite, près du guéridon, et prend une broderie. Lachapelle va chercher la chaise placée près du bureau et vient s'as-

* Gabrielle, Jenny, Lachapelle, Claire.

seoir près d'elle.) Mais avant tout, mademoiselle, oserai-je vous demander des nouvelles de mon ami, M. Quentin?

CLAIRE.

Elles sont excellentes, monsieur, et nous l'attendons tous les jours.

LACHAPELLE.

Déjà?

CLAIRE.

Dites si tard. Pour le peu qu'il avait à faire à New-York, car vous savez le but de son voyage...

LACHAPELLE.

J'ai entendu parler d'héritage...

CLAIRE.

Précisément! L'usine de Marville, près du Havre : une fabrique d'épingles!

LACHAPELLE.

Une propriété de deux millions; je suis du pays, mademoiselle, et je sais ce qu'elle vaut.

CLAIRE.

Alors, vous savez probablement que le défunt M. Quentin Mascaret, oncle de mon parrain, était un homme fort habile, mais fantasque et maniaque!...

LACHAPELLE.

Je l'ai ouï dire!

CLAIRE.

Comme depuis dix ans il refusait toujours, et sans motif connu, de recevoir ses héritiers légitimes, mon parrain et sa sœur, madame Toupart, M. Quentin se résignait à vivre modestement du produit de cette maison dont il est propriétaire, et madame Toupart des petites rentes de son mari, et ils faisaient tous deux leur deuil de l'héritage; mais M. Mascaret est mort sans faire de testament, et la propriété leur revient de droit!

LACHAPELLE.

C'est un million pour chacun!...

CLAIRE.

Non! car il existe un troisième héritier, un frère de M. Quentin et de madame Toupart, qui habite New-York. M. Quentin n'a pas pu se résigner à la vente ou au partage de l'usine; il a proposé l'association à sa sœur, qui l'accepte, et son voyage à New-York n'a d'autre but que d'obtenir le même consentement de son frère!

LACHAPELLE.

Que la mer lui soit légère ! Et maintenant, mademoiselle, me sera-t-il permis de vous parler un peu de moi?

CLAIRE.

Mais comment donc, monsieur!...

LACHAPELLE.

Et de vous dire ma surprise, le mois dernier, à mon retour d'Italie, en retrouvant dans la maison de M. Quentin une personne que j'avais eu l'occasion de connaître... et mieux, d'apprécier, dans un milieu bien différent?

CLAIRE.

Qui donc, monsieur?

LACHAPELLE.

Mais vous, mademoiselle!

CLAIRE, surprise.

Moi!...

LACHAPELLE.

Il y a deux ans, chez madame de Rochaiguë, ma parente... où je vous fis danser... vous l'avez oublié.., et je devrais l'oublier aussi, car je danse horriblement.

CLAIRE.

En effet, monsieur...je me rappelle maintenant ce danseur...

LACHAPELLE.

Si gauche!... C'était moi!...

CLAIRE.

Que je vous demande pardon de ne pas vous avoir reconnu plus tôt!

LACHAPELLE.

Ah! mademoiselle, vous étiez entourée ce jour-là de tant d'hommages... il fallait fendre une foule si épaisse pour vous arracher la promesse d'une douzième contredanse...

CLAIRE.

C'est une raillerie?...

LACHAPELLE, vivement.

Oh! non! car vous étiez faite pour cette royauté du bal. Le chant, la danse, les fleurs, les bijoux, tout cela semblait votre domaine, et je ne saurais vous dire mon triste étonnement quand la personne que j'avais connue si brillante et si fêtée s'est offerte ici... à ma vue...

CLAIRE.

A l'état de simple gouvernante.

LACHAPELLE.

A ce point que j'hésite depuis longtemps à vous le dire de peur de réveiller un souvenir douloureux.

CLAIRE.

Un seul, monsieur, la mort de mon pauvre père.

LACHAPELLE, vivement.

Qui vous a ruinée, j'en suis sûr, car il spéculait !...

CLAIRE, l'interrompant.

S'il était là... je serais trop riche.

LACHAPELLE.

Et recueillie par M. Quentin, votre parrain, vous avez pu vous résigner à cette vie bourgeoise, étriquée, mesquine ?...

CLAIRE.

Il n'y a pas de vie mesquine, monsieur Lachapelle, il n'y a que des esprits mesquins ; et là où il y a des devoirs à remplir, tout est grand !

LACHAPELLE, la regardant.

Est-ce possible ! cette force d'âme ! (A part.) Quelle femme ! (Haut.) Et le piano, et le chant, et le dessin ! car vous dessiniez aussi... tous les arts d'agrément !

CLAIRE.

Chut ! ne parlons plus de cela !... Aujourd'hui, je couds, je range et je compte... Tous les arts d'utilité !...

LACHAPELLE.

Sans regrets ?

CLAIRE.

Sans regrets !... non ! mais sans chagrin !

LACHAPELLE, à part.

Quelle femme !

CLAIRE.

Mais vous vouliez me parler de vous... Il me semble que nous nous égarons.

LACHAPELLE.

Au contraire, nous sommes arrivés ! (Il se lève.) Mademoiselle, j'ai trente ans, je suis de bonne maison, estimé, honoré, aimé, j'ai vingt-cinq mille livres de rentes et des espérances ; je vous aime, et j'ai l'honneur de vous demander votre main.

CLAIRE, très-surprise et se levant.

A moi?

LACHAPELLE, vivement.

Oui, mademoiselle, j'hésitais encore, mais je n'hésite plus, car je vois clair dans mon cœur; c'est vous qui m'attiriez ici... et vous avez dû le remarquer?

CLAIRE.

Mais non!

LACHAPELLE, de même.

Eh bien, je vous aime.

CLAIRE.

Mais permettez, permettez!...

LACHAPELLE.

Je vous ai...

CLAIRE, l'interrompant.

Monsieur Lachapelle, vous êtes un fort galant homme, et je suis vraiment touchée de votre demande; mais, d'abord, je ne pense pas à me marier, et puis je crois que vous avez fait fausse route.

LACHAPELLE.

Fausse route!

CLAIRE.

Oui, car ce n'est pas moi que vous aimez.

LACHAPELLE.

Ce n'est pas vous!

CLAIRE.

Non! Vous vous êtes abandonné à votre enthousiasme qui galope!... qui galope, qui galope! Mais cherchez bien, et vous verrez que ce n'est pas moi...

LACHAPELLE.

Mais qui donc alors?

CLAIRE.

C'est Gabrielle!

LACHAPELLE, surpris.

Mademoiselle Gabrielle. Vous croyez?...

CLAIRE.

Oui!...

LACHAPELLE.

Certainement, elle me plaît beaucoup, mais elle n'est pas comparable...

CLAIRE.

Vous avez raison; il n'y a pas de comparaison possible: elle est dans toute la fleur de sa dix-huitième année, et moi, monsieur Lachapelle, je ne suis plus une toute jeune fille ! Elle en est à ses premières impressions, prête à se modeler sur la volonté de son seigneur et maître, et moi... j'ai mon petit caractère qu'on aurait bien de la peine à refaire... enfin, elle aura certainement une belle dot, et moi...

LACHAPELLE, se récriant.

Oh ! mademoiselle !

CLAIRE.

Oh ! je sais bien que vous avez le cœur trop noble pour vous arrêter à cela...

LACHAPELLE.

Dites au contraire que c'est une raison, mademoiselle.

CLAIRE.

Oh ! je le sais, et c'est parce que je suis bien touchée de votre générosité, que je m'intéresse à votre bonheur et que je vous dis tout de suite où il est...

LACHAPELLE.

Vraiment, vous croyez que mademoiselle Gabrielle...

CLAIRE.

Vous l'aimez ! Rentrez chez vous, pensez-y bien, et vous verrez ce soir si je n'ai pas dit la vérité.

LACHAPELLE.

Ah ! je suis curieux... Je sais bien qu'elle est jolie !...

CLAIRE.

Je crois bien !...

LACHAPELLE.

Spirituelle, vive... trop vive, même !

CLAIRE.

Tant mieux ! Avec vous, qui hésitez toujours !

LACHAPELLE.

C'est juste ! Je n'avais pas pensé à cela. Seulement, je lui crois une volonté !

CLAIRE.

Elle en aura pour vous ! qui n'en avez pas !

LACHAPELLE.

C'est juste ! Elle en aura pour moi !

CLAIRE.

Et si bonne au fond...

LACHAPELLE.

Très-bonne !... c'est vrai !

CLAIRE.

Toujours gaie !...

LACHAPELLE.

Ah! sa gaieté surtout!... C'est pour sa gaieté que je l'aime!

CLAIRE, vivement.

Ah! vous voyez bien que vous l'aimez!

LACHAPELLE.

Plaît-il?

CLAIRE.

Vous venez de le dire!

LACHAPELLE.

Je l'ai dit?

CLAIRE.

Mais oui!

LACHAPELLE.

Ah! mais, permettez...

CLAIRE.

Vous l'avez dit!

LACHAPELLE.

Mais...

CLAIRE.

Vous l'avez dit!...

LACHAPELLE.

Alors, il faudra donc que je l'aime pour l'amour de vous...

SCÈNE VII

LES PRÉCÉDENTS, JEAN.

JEAN, vivement et criant du dehors.

Mademoiselle! c'est lui!

CLAIRE.

Qui?

JEAN.

Monsieur!... c'est monsieur!

CLAIRE.

Mon parrain!

QUENTIN, dehors.

Par ici, miss Deborah, par ici!

CLAIRE, courant au fond.

Mon bon parrain!

SCÈNE VIII

CLAIRE, LACHAPELLE, QUENTIN, puis Miss DEBORAH.

QUENTIN.

Eh! oui, c'est lui! Clairon, Clairette!... C'est le parrain!

CLAIRE, l'embrassant.

Oh! que je suis heureuse!

QUENTIN.

Et moi donc! Tiens, c'est Lachapelle! Bonjour, Lachapelle!... Eh bien! Gabrielle... Jenny... mes filles?

CLAIRE.

On va les chercher!... Jean!...

JEAN.

Oui, mademoiselle!... (Il sort.)

QUENTIN.

Elles sont sorties?

CLAIRE.

Avec Denise! Dame! vous nous surprenez, mon parrain

QUENTIN.

Est-ce qu'on sait jamais, avec ces paquebots américains!... C'est la foudre, mon enfant! c'est la foudre!... Ah! quelle nation!... quel peuple!... (On entend dans le fond la voix de Deborah.) Yes! les bagages! (Quentin va chercher miss Deborah, qui entre) Ah! à propos!... Je te présente miss Deborah!... une personne qui... une femme que... Enfin tu verras! tu verras!

CLAIRE, saluant.

Miss est la bienvenue!

DEBORAH.

Aoh! Très-fortunée...

QUENTIN.

Miss Deborah... notre ami Lachapelle! un charmant jeune homme!...

DEBORAH, allant à lui.

Yes! il est très-confortable, qu'est-ce qu'il vaut?

LACHAPELLE.

Mais je vaux... Ma modestie...

QUENTIN, enchanté.

Eh! non! non! Il ne comprend pas. Oh!... c'est amusant! c'est un américanisme! Miss demande combien vous valez d'argent, de dollars.

LACHAPELLE.

Est-ce qu'elle veut m'acheter?

QUENTIN.

Mais non! C'est l'état de votre fortune qu'elle demande! Il vaut vingt-cinq mille livres de rentes, miss... cinq mille dollars! C'est un homme de cinq mille dollars, ni plus ni moins.

DEBORAH, souriant et allant donner la main à Lachapelle.

Aoh! Très-agréable gentleman!...

LACHAPELLE, stupéfait.

Par exemple, voilà...

QUENTIN, se frottant les mains.

Ah! ah! cela vous étonne, mon gaillard! Voilà ce que c'est que les États-Unis... un pays pratique, mes enfants, un génie essentiellement pratique! Le réel, le positif!... La base! Le dollar!... Magnifique nation, magnifique... magnifique nation!..

CLAIRE.

Ah! mon Dieu, est-ce que vous êtes devenu?...

QUENTIN.

Yankee, ma fille, *Yankee* dans l'âme, et des pieds à la tête! (Montrant ses vêtements.) Paletot cuir laine... maison Dibson!... pantalon cuir coton... maison Jobson! Gilet cuir soie... maison Tripson!... Chemise cuir-toile... maison Blagson!... Souliers caoutchouc-cuir, chapeau cuir-feutre et porte-monnaie cuir-cuir... maison Troutson!...

CLAIRE, regardant.

C'est affreux!

QUENTIN.

C'est affreux, oui; mais c'est indécousable, imperméable, inusable! Grande, grande nation! Ouf! Je prendais bien quelque chose! (Lachapelle sonne. Jean paraît. Claire lui donne des ordres.)

DEBORAH.

Yes, un petit *lunch!* (Elle va s'asseoir sur le guéridon.

QUENTIN, s'asseyant à gauche du guéridon.

C'est ça! *lunchons!* Un verre de *queue de coq*, ou de *vieux Tom*, ou de *casse-poitrine!*

(Jean entre portant un plateau sur lequel il y a une bouteille de Bordeaux et deux verres; Claire lui indique le guéridon. Jean sort.)

CLAIRE.

Plaît-il! (Elle verse dans les verres.)

QUENTIN, assis au guéridon et appelant comme au café.

Cock tail... Gin toddly... Whisky punch!... Whisky!... Ah! non! non! sapristi! Je me crois toujours à New-York. Qu'est-ce que c'est que ça? du Bordeaux! C'est bien français; mais je tâcherai de m'y refaire. (Il boit; miss Deborah en fait autant.)

LACHAPELLE.

On ne boit donc pas de vin de Bordeaux, là-bas?

QUENTIN.

Jamais de vin à table, monsieur, de l'eau glacée!... Pays de la sobriété et des sociétés de tempérance! Ainsi, miss Deborah...

DEBORAH, à Claire, qui verse, en lui tendant son verre vide.

Yes, encore!

LACHAPELLE.

Ah! comme ça!...

DEBORAH.

Aob! Je ne buvais jamais l'eau... entre mes repas!

QUENTIN, buvant.

Oh! que c'est bon! Je crois que je m'y referai. Et dire que ces petites filles ne sont pas là pour embrasser leur père...

CLAIRE.

C'est votre faute, parrain, vous ne prévenez pas.

QUENTIN.

Ah! ah! prévenir! Ah! que voilà bien ces Français! Prévenir! Est-ce que nous prévenons, nous autres Américains? Nous partons comme l'éclair, mon enfant, avant même de savoir où nous allons. Nous nous mettons nous-mêmes à la poste! Vingt lieues à l'heure, en chemin de fer... *Prout!...* On se rencontre. *Boum!...* On saute et l'on tombe sur un bateau à vapeur!... *Priitt!...* La chaudière éclate... *Boum!...* On saute et l'on retombe à destination, sur ses pieds!...

* Lachapelle, Quentin assis, Claire debout, Deborah assise.

LACHAPELLE.

C'est admirable... mais j'hésiterais...

QUENTIN.

Et les maisons, jeune arriéré... et les rues!... Et les docks!... et les hôtels!...

DEBORAH, se levant.

Beautiful... yes!...

QUENTIN.

On parle des trucs de l'Opéra, quelle pitié! Vous êtes dans votre chambre, monsieur. Vous poussez un bouton, et un porte-voix crie à l'autre bout de l'hôtel : *M. Lachapelle demande un tire-botte!* Et le tire-botte surgit instantanément du parquet! Ou : *M. Lachapelle désire un coup de brosse.* Et un petit balai descend du plafond et vous brosse amoureusement des pieds à la tête. Est-ce un bain qu'il vous faut? Tournez cette clef! Et votre lit se transforme en baignoire aux sons d'une musique délicieuse. Frappez ici, votre lampe s'éteint! Cognez là, votre feu s'allume! Tirez ce cordon, voici le journal! Poussez ce piston, c'est un potage, et touchez enfin ce ressort... votre chemise de la veille disparaît par la cheminée, et revient blanchie par le dessous de la porte!

DEBORAH, vivement.

Aoh! shocking!... (Elle tombe sur une chaise, en pâmoison.)

LACHAPELLE.

Hein?

QUENTIN.

Ah! malheureux!... J'ai parlé de chemise!... La pudeur!... Ah! c'est une nation si pudique... Miss... miss!...

(Il lui frappe dans les mains. Tout le monde entoure Deborah.)

LACHAPELLE, à Claire.

Ah çà... est-ce que le cerveau?...

CLAIRE.

J'en ai peur!

QUENTIN.

Ce n'est rien. Un peu d'air. (Il va ouvrir la fenêtre.)

DEBORAH.

Yes!

QUENTIN.

Claire vous fera faire un tour de jardin.

DEBORAH, montrant Lachapelle.

J'aimais mieux le gaaçone...

QUENTIN.

Lachapelle ?

DEBORAH.

Yes ! le petite Chapelle...

QUENTIN, à Lachapelle.

Lachapelle, mon ami!...

LACHAPELLE, avec empressement.

Comment donc! (A part.) Diable!...

DEBORAH, à Lachapelle.

J'étais faible... je appuyais beaucoup...

LACHAPELLE.

Appuyez, miss, appuyez!

QUENTIN, les regardant sortir.

Magnifique nature! magnifique! magnifique nature!

SCÈNE IX

CLAIRE, QUENTIN.

QUENTIN.

Ah çà, nous, parlons affaires en attendant ces petites malheureuses qui ne reviennent pas.

CLAIRE.

Dites-moi le résultat de votre voyage.

QUENTIN.

Oh! excellent!

CLAIRE.

Vous avez le consentement?

QUENTIN.

De mon frère... non!... non pas tout à fait!... Il est mort un mois avant mon arrivée.

CLAIRE.

Ah!

QUENTIN.

Pour ne pas me voir probablement! Et cela ne m'affecte

pas beaucoup; tu sais!... Un gaillard qui a quitté la maison paternelle à seize ans (j'en avais dix) à la suite d'une dispute avec mon père, dans un grand dîner, et qui s'est sauvé en tirant à lui la nappe, avec les plats, les verres, les sauces, les bougies...

CLAIRE.

Ah! mon Dieu!

QUENTIN.

Oui, ce n'est pas d'un homme ordinaire, cela...

CLAIRE.

Non!...

QUENTIN.

Aussi, il a fait fortune là-bas, le farceur! Ces Américains aiment les caractères bien tranchés!... Il a monté une scierie mécanique en grand, il a bâti des maisons, des maisons de bois, mobiles.

CLAIRE.

Encore une chose dont on ne se doute pas ici!...

QUENTIN.

Ah! non! Mais on vous plante une maison, là-bas, comme on plante un arbre; tellement que, pendant mon séjour, on en a volé une...

CLAIRE.

Une maison?

QUENTIN.

A deux étages! Quel peuple! Pour en revenir à mon frère... Au fait, comment s'appelait-il? Auguste, Antoine, Amédée... enfin, je ne sais plus... Cela commençait par un A... Il s'est marié! (Tiens! c'est justement notre oncle Quentin Mascaret qui l'a marié, dans un de ses voyages.) Sa femme est morte, il est mort, et tout cela sans avoir le cœur de m'en écrire un mot!

CLAIRE.

Mais alors...

QUENTIN.

Ah! voilà où je t'attends... Alors, oui. Mais il a un fils...

CLAIRE.

Ah!

QUENTIN.

Ah! parbleu! l'Américain! Il a bien eu soin d'avoir un fils pour hériter à sa place.

CLAIRE.

Un fils unique !

QUENTIN.

Oh ! unique dans son genre, comme le père !

CLAIRE.

Vous l'avez vu ?

QUENTIN.

Ah ! oui. Il est en Californie, celui-là ! Il est parti sans dire bonsoir, à vingt ans, tout seul... et n'a plus donné de ses nouvelles ! Quelles natures ! Quelles fortes natures !

CLAIRE.

Voilà tout ce que vous avez fait ?

QUENTIN.

Tiens ! tu veux que j'aille en Californie ? J'ai fait bien mieux. J'ai mis une note dans les journaux. C'est l'usage là-bas : on s'écrit ses petites affaires par le journal, on se demande des nouvelles de sa santé, on se marie, on divorce, on joue aux échecs, on réclame son argent, sa femme, son parapluie, tout par le journal !... J'ai donc mis ma petite note ainsi conçue : « Jean-Marie-Onésime Quentin, propriétaire, désire savoir si « son neveu, Jonathan Quentin, fils d'Auguste, ou Antoine, « ou Amédée Quentin, de New-York, est toujours de ce « monde, et dans ce dernier cas seulement... seulement !... « l'invite à répondre. Il s'agit d'héritage. » Puis mon adresse à l'usine de Marville.

CLAIRE.

A Marville !

QUENTIN.

Car nous allons partir pour Marville, où je vais diriger l'usine, en attendant sa réponse. J'ai la tutelle de la succession ; j'arrive du Havre ; c'est en règle !

CLAIRE.

Mais s'il ne répond pas !

QUENTIN.

Française, va ! S'il s'agissait de payer, certainement il ne répondrait pas ; mais un héritage ! On répondrait plutôt pour lui !

CLAIRE.

Et s'il répond ?

QUENTIN.

Ah ! j'ai mon plan ! Je lui offre tout bonnement de s'associer pour faire marcher l'affaire avec moi, et d'épouser une de mes fillettes!

CLAIRE.

D'épouser...

QUENTIN.

Voilà le plan!

CLAIRE.

Et s'il refuse?

QUENTIN.

Un Américain! Allons donc! un homme pratique, positif, carré sur sa base. Il épousera les yeux fermés.

CLAIRE.

Laquelle?

QUENTIN.

Eh! bien, l'aînée ou la cadette. Cela m'est égal à moi, et à lui aussi!

CLAIRE.

Oui, mais à elles, cela ne leur est peut-être pas, égal.

QUENTIN.

Pourquoi ça?

CLAIRE.

Ce ne sont plus de petites filles; elles ont leur cœur et leur tête... et Gabrielle a des velléités d'indépendance...

QUENTIN.

Bah!

CLAIRE.

Inquiétantes!... Quant à Jenny, une imagination qui travaille, qui travaille!...

QUENTIN.

Oui-da!

CLAIRE.

Il ne m'a pas été facile de tenir la bride à ce petit monde pendant votre absence. C'étaient des discussions continuelles pour le travail, pour la promenade, pour les visites... Jenny a la passion de la lecture; Gabrielle, celle du spectacle. J'opposais mon veto, on prenait de l'humeur, on me boudait, on me donnait le soir de méchants baisers, gros de rancunes étouffées... et puis nous avons eu notre petit roman.

QUENTIN.

Ah! ah!

CLAIRE.

Un étranger... un exilé... un prince monténégrin, à ce qu'il
dit, s'est fait présenter ici par madame Toupart. Ses façons
mélancoliques, d'assez mauvais aloi, inspiraient à Jenny une
compassion dangereuse. J'ai dû mettre un terme à des visites
trop fréquentes... On a pleuré... Le chevalier a pris l'habitude
de passer deux fois par jour sous les fenêtres de la tourelle où
la jeune châtelaine est prisonnière, et... je ne suis pas fâchée
que vous arriviez...

QUENTIN.

C'est tout?

CLAIRE. Elle va au bureau.

C'est tout!... Ah! pardon! Voici mes livres, vous vérifierez.

QUENTIN, prenant le livre qu'elle lui présente.

Qu'est-ce que c'est?

CLAIRE.

Le compte de l'argent que vous m'aviez confié.

QUENTIN.

Il en reste! Brave fille, va! Tiens, embrasse-moi; tu es une
brave fille! Et maintenant que me voilà quasi millionnaire,
je veux que tu sois chez moi comme chez toi, comme chez ton
père!

CLAIRE.

Mon bon parrain!

QUENTIN.

Parce que tu es une bonne fille! une femme d'ordre, une
femme économe, une femme de ménage, que je ne marierai
jamais, entends-tu? car tu ferais le bonheur de ton mari... mais
le malheur, le malheur de tes enfants!

CLAIRE.

Moi?...

QUENTIN.

Ah! Je te confie le gouvernement de mes filles, et tu les
empêches de lire, et tu leur défends le spectacle, la promenade,
les bals, tout ce qui fait le charme de la vie, et tu ne les laisses
sortir que sous l'escorte d'une duègne. Mais tu es donc la rou-
tine incarnée, le préjugé, la réaction, la tyrannie, le moyen
âge, l'obscurantisme!

CLAIRE.

Mais...

QUENTIN.

Mais pourquoi pas des grilles aux fenêtres, pourquoi pas des muets? Pourquoi pas des... ?

CLAIRE.

Mais je croyais...

QUENTIN.

Et tu oses te vanter de tes exploits à un homme qui revient d'un pays où les filles font toutes seules des voyages de trois, six et neuf mois... où elles reçoivent qui elles veulent, comme elles veulent, et si l'omnibus est complet, vont s'asseoir modestement sur les genoux des voyageurs...

CLAIRE.

Il est certain que je ne leur ai pas appris...

QUENTIN, sans l'écouter.

Et c'est le tort!... Est-ce que je veux, moi, que mes filles soient des petites niaises, des petites dindes, comme ces poupées qui ne savent dire que *papa* et *maman*. Pour que mon neveu Jonathan éclate de rire quand je lui proposerai d'en épouser une... Il me faut, morbleu, des jeunes filles résolues, viriles, des femmes fortes, élevées à l'anglaise et à l'américaine, en pleine liberté.

CLAIRE.

Pourtant, mon parrain...

QUENTIN, sans l'écouter.

Car la première condition pour agir bien, c'est d'être en mesure de mal faire; car la femme a droit à sa part d'instruction, de soleil, de plaisirs et de droits politiques aussi bien que l'homme; car les femmes ne sont pas faites pour rester femmes, ni les jeunes filles pour rester jeunes filles, et quand les jeunes filles seront femmes, si on ne les a pas traitées comme des femmes quand elles étaient jeunes filles, elles ne seront que de mauvaises femmes... puisqu'il faut être nécessairement jeune fille pour devenir femme, et qu'il n'y a pas de femme qui n'ait été préalablement jeune fille.

CLAIRE.

Mais je ne comprends pas.

QUENTIN.

Pot-au-feu! pot-au-feu! pot-au-feu!

2

GABRIELLE et JENNY, dehors.

Papa! papa!...

SCÈNE X

LES PRÉCÉDENTS, GABRIELLE, JENNY, TOUPART, Mme TOU-
PART, DEBORAH, LACHAPELLE.

QUENTIN.

Les voilà! *For ever* !

GABRIELLE, accourant.

C'est moi la première!

JENNY, accourant.

C'est moi!

GABRIELLE, embrassant Quentin.

Ah! papa!

JENNY, de même.

Papa!

QUENTIN.

Mes chers petits anges!... Allons! Voilà que je pleure, moi!
Suis-je bête!

MADAME TOUPART, avec son binocle.

Où est-il?... où est-il!... C'est ma foi vrai, c'est lui!

QUENTIN.

Eh! c'est ma sœur! (Il l'embrasse.) Et Toupart (Même jeu.) Et tous!
Ah! saperlotte, mes enfants, j'ai des cadeaux pour tout le
monde!

TOUS.

Ah!

QUENTIN.

Des colibris empaillés pour Claire! Une bible mormone pour
ma sœur et un costume de Peau-Rouge pour Toupart!

GABRIELLE.

Eh bien! Et nous deux?

QUENTIN.

Ah! vous, chères petites, une caisse pleine, mais surtout,
ah! surtout, mes enfants, un cadeau inappréciable!

ACTE PREMIER.

JENNY et GABRIELLE.

Quoi donc?

QUENTIN, montrant Deborah, qui entre avec Lachapelle.

Voilà le cadeau!... mademoiselle!

GABRIELLE.

Tiens! Pourquoi faire?

QUENTIN *.

Votre institutrice, ma fille, une institutrice américaine.

MADAME TOUPART.

Une Américaine! Saluez Monsieur Toupart! Voici l'avenir!

CLAIRE, à part, regardant Deborah.

C'est bien un peu le passé.

DEBORAH, à Quentin.

Introduisez-moâ, je vous prie!

QUENTIN.

Oui, miss, oui! Mais ne vous étonnez pas si je me suis recueilli un instant pour le faire dignement! (Avec sentiment.) Miss Deborah, mes enfants, n'est pas une institutrice vulgaire... Non! C'est une personne d'un mérite exceptionnel...

DEBORAH.

Yes!...

QUENTIN, à ses filles.

Yes! cela veut dire oui... (Continuant.) Un écrivain, un penseur!

DEBORAH.

Yes!

QUENTIN.

Un médecin surtout!

DEBORAH.

Yes!

QUENTIN.

Elle consent!... Enfin, une femme de génie...

DEBORAH.

Aoh!

QUENTIN, appuyant.

De génie, miss Deborah, disons-le!

DEBORAH.

Yes!

QUENTIN.

Et qui s'est vouée spécialement à l'éducation des demoiselles!... Bien, connue par son roman historique de *Cléopâtre*,

* Madame Toupart, Gabrielle, Quentin, Jenny, Deborah, Claire, Lachapelle, Toupart.

destiné à l'instruction des jeunes personnes... La doctoresse
Deborah, mes enfants, a présidé trois meetings féminins à
New-York sur la nécessité pressante d'enseigner aux femmes
la géométrie descriptive. Orateur autant que journaliste redouté
pour sa langue et pour sa plume... voilà trente ans...

DEBORAH, protestant.

Aôh !...

QUENTIN, appuyant.

Trente ans, disons-le, que miss Deborah sacrifie famille,
affection, santé, jeunesse, beauté...

DEBORAH, même jeu.

Aôh !...

QUENTIN, appuyant encore plus.

Jeunesse, beauté, disons-le... à cette grande cause de l'éducation féminine... et voilà celle que votre père a choisie pour
vous enseigner des devoirs dont vous ne vous doutez pas; des
droits que vous n'auriez jamais soupçonnés sans elle, et des
vertus que personne n'aurait eu l'idée de vous demander !...
Pardonnez-moi si l'émotion... la joie !... (Il essuie ses yeux.)

MADAME TOUPART.

Et vous n'êtes pas ému, monsieur Toupart ?

TOUPART.

Si ! si !

DEBORAH.

Mistress et gentlemen... c'était pour moâ un journée very...
grande et un... *What is it in French?... Yes...* satisfatchion !...

MADAME TOUPART.

Oui, oui, oui; nous vous comprenons avec le cœur, miss !

CLAIRE, à Lachapelle.

Seulement, il faudra prendre une institutrice pour lui enseigner le français.

QUENTIN.

Et maintenant, mes enfants, grande nouvelle. Nous partons
tous demain pour aller prendre possession de l'usine de Marville.

GABRIELLE.

Ah! quel bonheur! quitter Chaillot!

QUENTIN.

Et là-bas, entendez-moi bien! là-bas, liberté pour vous!
liberté entière !

GABRIELLE et JENNY.

Ah! papa!

QUENTIN.

Liberté d'écrire, liberté de lire, de sortir, d'aller, de venir...
liberté absolue... liberté sans limites, liberté américaine!

GABRIELLE et JENNY.

Ah! quel bonheur!

MADAME TOUPART.

Ah! je reconnais mon sang!

GABRIELLE et JENNY, embrassant Quentin.

Le bon papa! Le grand papa!

QUENTIN.

Et allons voir les cadeaux!

TOUS.

Allons voir les cadeaux!

MADAME TOUPART, à Claire.

Votre règne est fini, mademoiselle, et le nôtre commence!

(Tous remontent et sortent.)

QUENTIN, à Claire en lui tapant sur la joue.

Qu'est-ce que tu dis de ça, pot-au-feu?

CLAIRE, prenant son bras.

Liberté sans limites, parrain! On a la liberté de protester,
n'est-ce pas?

QUENTIN.

Parfaitement.

CLAIRE.

Eh! bien, j'en use!

FIN DU PREMIER ACTE.

ACTE DEUXIÈME

A Marville. — Un salon. — Porte au fond. — A gauche, 1er plan, une armoire, un petit guéridon, une table, un petit tabouret en tapisserie. — 2e plan, porte d'appartement. — A droite, 1er plan, un cabinet. — 2e plan, une cheminée, un canapé. — Trois portes au fond ouvrant sur un jardin.

SCÈNE PREMIÈRE.

QUENTIN, JEAN.

QUENTIN, entrant et regardant sa montre.

Six heures et demie... Il est temps de dîner. (Il appelle.) Jean ! (Jean paraît.) Où sont ces demoiselles?

JEAN.

Ces demoiselles ne disent jamais où elles vont, monsieur.

QUENTIN.

Elles sont donc sorties?

JEAN.

Depuis ce matin.

QUENTIN.

Toutes les deux?

JEAN.

Oui, monsieur... Je crois que mademoiselle Jenny était à cheval...

QUENTIN, grognant.

Et miss Deborah?

JEAN.

Miss Deborah est dans son laboratoire, monsieur. (Il sort.)

QUENTIN, seul.

On a pourtant sonné le dernier coup! C'est inouï, cela! Depuis six mois que nous sommes à Marville, je ne les vois plus, ces demoiselles; on ne se donne plus la peine de me dire bonjour, ni bonsoir...

SCÈNE II

QUENTIN, CLAIRE.

QUENTIN.

Ah! c'est toi!... Le dîner, n'est-ce pas?...

CLAIRE, lui remettant des lettres.

Non! des lettres! Jenny n'est pas rentrée?...

QUENTIN, tirant une carte de sa poche.

Non!... Ah! dis donc, qu'est-ce que c'est qu'un monsieur Lazarowitch?...

CLAIRE.

C'est ce Monténégrin dont je vous ai parlé, mon parrain.

QUENTIN.

Ah! oui! le prince!

CLAIRE.

Oh! prince, c'est douteux! Est-ce que vous ne trouvez pas que ce nom-là sonne faux?...

QUENTIN.

Je trouve qu'il sonne mal... Lazarowitch...

CLAIRE.

Du reste, il n'est plus inquiétant. J'ai su qu'il était perdu de dettes, et je le crois même à Clichy!...

QUENTIN, tirant une carte de sa poche.

A Clichy? Il est ici, puisque voilà sa carte!

CLAIRE, vivement.

Ici. (A part.) C'est donc pour cela que Jenny sort si souvent depuis huit jours... et qu'elle rentre si tard!

QUENTIN.

Eh bien! qu'est-ce qu'il te prend?

CLAIRE.

Ah! vous le voyez bien! Jenny ne rentre pas, et je suis inquiète!

QUENTIN.

De quoi?

CLAIRE.

Je vous dis que j'ai peur, mon parrain. Avec ceux que l'on aime, on ne raisonne pas ces choses-là, on les sent!

(Elle remonte et disparaît dans le jardin, après avoir regardé de tous côtés si elle voit Jenny.)

QUENTIN.

Drôle de fille, va! elle a peur! Elle ne se fera jamais à l'éducation américaine!

SCÈNE III

QUENTIN, TOUPART.

QUENTIN, ouvrant et parcourant les lettres remises par Claire.

Tout seul? -

TOUPART.

Oui, Pulchérie étudie l'emprunt ottoman!

QUENTIN.

Tu n'as pas vu Gabrielle?

TOUPART.

Gabrielle? Elle est à la chasse!

QUENTIN.

A la chasse?

TOUPART.

Oui, avec M. Lachapelle!

QUENTIN.

Elle chasse maintenant?

TOUPART, s'asseyant sur le canapé.

Ouf! je suis éreinté!

QUENTIN.

De quoi? C'est moi qui surveille les ouvriers du matin au soir, et tu n'as rien à faire!

TOUPART.

Rien à faire! Je suis debout depuis cinq heures; j'ai arrosé le jardin, frotté la rampe de notre escalier, battu les coussins, remonté les pendules!...

QUENTIN.

Pourquoi pas ciré les souliers?

TOUPART.

Cela viendra!

QUENTIN, s'arrêtant.

Avec deux domestiques?

TOUPART, se levant.

Voilà mon malheur! C'est que j'ai deux domestiques maintenant. Quand je n'avais qu'une petite bonne, je n'avais que sa petite besogne à faire; aujourd'hui il faut que je travaille pour deux grands diables!... Pulchérie a toujours des livres, des journaux à leur faire porter, rapporter, reporter au Havre... sans parler des lettres qu'elle s'avise d'écrire à tous les auteurs de Paris.

QUENTIN.

Pourquoi faire?

TOUPART.

Pour leur dire qu'ils montrent la femme sous un mauvais jour...

QUENTIN.

Et on lui répond?...

TOUPART.

Je crois bien, il y en a un qui lui a répondu : « Et vous donc!... »

QUENTIN.

- Mais enfin, quand ils ne sont pas au Havre, les domestiques?

TOUPART.

Ah! alors... oui! Ils font les courses de madame Lahorie!

QUENTIN.

Qu'est-ce que c'est que ça?

TOUPART.

Madame Lahorie? une nouvelle amie de Pulchérie... Une jolie femme, très-vive, qui a fait deux fois le tour du monde.

QUENTIN.

Et bien d'autres tours, probablement...

TOUPART.

Enfin, une gaillarde! Tu vas la voir!

QUENTIN.

Je n'y tiens pas!

TOUPART.

Ni moi. Mais tu vas la voir... Ma femme l'a invitée à ton

diner... C'est elle qui doit enseigner à ces demoiselles la natation, la gymnastique et l'escrime...

QUENTIN.

Sept heures moins le quart! et à la chasse! Je vous demande un peu! Avec tous ces accidents... Je suis d'une inquiétude...
(Il remonte.)

TOUPART*.

Tu t'y feras!... On s'y fait!... Où met-on les boutons chez toi?

QUENTIN.

Pourquoi faire?

TOUPART, montrant sa manchette.

C'est ma manche... (Regardant la manche de Quentin.) Tu as des boutons aux manches, toi... Tu es heureux.. On voit bien que Claire n'est pas une femme supérieure!...
(Il va à gauche prendre un bouton, du fil, un dé, etc., dans la corbeille qui est sur le guéridon.

QUENTIN, ouvrant une lettre et poussant un cri.

Ah!

TOUPART, revenant avec son bouton.

Quoi donc?

QUENTIN.

Grande, grande nouvelle! notre neveu!

TOUPART, effrayé.

Notre neveu?

QUENTIN.

« Oui. (Lisant.) Jonathan William Quentin, fils d'Auguste, Amédée ou Antoine Quentin...» (Parlé.) Il paraît qu'il n'est pas mieux renseigné que moi... (Lisant:) « Faits avoir à son oncle Jean-Marie Onésyme, qu'il n'est pas mort, car...»

TOUPART, avec désespoir.

Il vit encore!...

QUENTIN.

« A Stockton (Californie), où il tient une maison de charpente qui peut se vanter d'être la plus importante des États-Unis. » Américain, va! Il fait sa petite réclame en passant!

TOUPART, avec mépris.

Un charpentier!

* Toupart, Quentin.

QUENTIN.

Oui, mais un charpentier d'Amérique! Un de ces Titans qui vous font en bois des églises, des clochers... qui se montent, qui se démontent...

TOUPART.

La suite?...

QUENTIN, continuant.

« Et il se propose d'être à Marville au commencement de septembre de la présente année... »

TOUPART.

Septembre? mais nous y sommes!

QUENTIN.

C'est vrai, nous y sommes!... Il arrive en même temps que son avis! Il vient!

TOUPART, piteusement.

Il vient!... Il vient nous prendre six cent soixante-six mille six cent soixante-six francs, soixante-six centimes!...

QUENTIN *.

Voyons! voyons! Il ne faut pas voir les choses en noir.

TOUPART.

C'est vrai, il y a encore la ressource d'un naufrage!...

QUENTIN.

Nous ne voulons pas le tuer, n'est-ce pas, ce garçon?

TOUPART, avec une concession pénible.

Dame! non!

QUENTIN.

Eh bien! (S'arrêtant et regardant Toupart, sous l'impression de cette idée de tuer.) Oh! non! (Continuant.) Eh bien! j'ai mon plan!... Claire connaît mon plan... (Il se frotte l'estomac avec les gestes d'un homme qui a faim.) Un jeune homme qui sera enchanté de retrouver ici les mœurs américaines... et ravi de l'éducation que j'ai fait donner à mes filles... et... (S'arrêtant.) Et... Ah! mais sapristi!... je n'y tiens plus, moi! je meurs de faim... Mais où diable sont-elles, ces enragées-là?

_____

* Quentin, Toupart.

SCÈNE IV

LES PRÉCÉDENTS, MADAME TOUPART.

(Toupart, assis sur le canapé, coud son bouton.)

QUENTIN.

Enfin ! j'en tiens une !...

MADAME TOUPART, en costume un peu masculin, tenant des brochures qu'elle parcourt à l'aide de son binocle.

Pathologie des femmes !

QUENTIN, la suivant.

Ma sœur !...

MADAME TOUPART.

Physiologie des femmes !

QUENTIN.

Ma sœur... je...

MADAME TOUPART.

Idiosyncrasie des femmes !

QUENTIN.

Ma sœur...

MADAME TOUPART, feuilletant sans l'écouter.

Parlez, j'écoute...

QUENTIN.

Je vous demande pardon de vous déranger ; mais est-ce qu'il n'est pas temps de dîner ?

MADAME TOUPART, montrant ses brochures.

Ça ? non ! Ce sont des brochures qu'on m'envoie.

QUENTIN.

Je sais bien ; mais le dîner est prêt, et je demande...

MADAME TOUPART, jetant les brochures sur la table à gauche.

Si c'est bon ? (Faisant la grimace.) Ma foi non !...

QUENTIN.

Alors, nous ne dînons pas ?

MADAME TOUPART.

Dîner ? Et qui est-ce qui y pense ?

QUENTIN, s'échauffant.

Mais moi, j'y pense !... Et vous aussi vous devriez y penser, car enfin le dîner, c'est de votre ressort, que diable !.. une femme !...

MADAME TOUPART.

Une femme !... Ne savez-vous pas, mon frère, que je désavoue ce nom, et que, depuis ma naissance, je proteste contre cette erreur de la nature...

QUENTIN.

Mais enfin ! puisqu'elle s'est trompée, cette nature !

TOUPART, doucement.

Oui, ma bonne, depuis cinquante ans !...

MADAME TOUPART, sans les écouter.

Se sentir l'énergie, la volonté, la force d'un homme, et languir stérile, sous le jupon, et se voir l'esclave, la propriété, la chose de monsieur Toupart !

TOUPART, suffoqué.

De moi !

MADAME TOUPART.

Non ! je ne me ferai jamais à l'idée que je suis une femme !

TOUPART.

Mais je vous assure, Pulchérie...

MADAME TOUPART, montrant son front.

Le sexe est là, monsieur, il est là !

QUENTIN.

Mais sapristi !... mais sacrebleu... puisqu'il vous certifie... Non ! tenez ! vous me feriez dire des sottises !...

SCÈNE V

LES PRÉCÉDENTS, MADAME LAHORIE.

MADAME LAHORIE, cheveux à l'homme, zouave, toréador, etc.

Me voilà ! ouf !... j'ai fait quatre lieues ! (A M. Toupart.) Bonjour, ma fille ! Bonjour, cher monsieur, touchez là !

QUENTIN *.

Pardon, mais...

MADAME LAHORIE, avec une extrême volubilité

Mon nom ! c'est juste ! (A madame Toupart.) Ne bouge pas, ma chère, on n'est pas timide ! (A Quentin.) Madame Lahorie, voyageuse, na-

---

* Mme Toupart, Mme Lahorie, Quentin, Toupart.

turaliste, botaniste et membre des instituts de Stockholm, de
Dublin, de Philadelphie et de Novogorod.

QUENTIN.

Je suis flatté...

MADAME LAHORIE.

Je le comprends. (Continuant.) Chargée de diverses missions
scientifiques par la Belgique, la Suède et le Brésil... (1847...
52!... 54!) Auteur d'une flore comparée des Cordilières des
Andes, d'une carte rectifiée du Sahara africain, de six mémoires
sur les montagnes de la Lune, et dans toutes mes courses com-
blée d'honneurs, admirée, adorée parfois et toujours... res-
pectée!...

QUENTIN *.

J'admire!

MADAME LAHORIE.

Je le comprends. (Continuant.) Prisonnière des pirates javanais
pendant six mois en 52.

QUENTIN.

Diable! diable! mais dites donc!...

MADAME LAHORIE, continuant.

Eh bien, non, mon cher! Vendue sur les bords du Niger,
en 56, et enfermée dans le harem du sultan d'Yaourie...

TOUPART.

Diable! diable! diable! mais alors...

MADAME LAHORIE.

Non, mon cher! Enrôlée dans les troupes d'amazones du roi
de Dahomey, en 57, pour leur enseigner l'exercice à l'euro-
péenne, et comme telle, honorée de l'affection toute particu-
liculière du prince...

QUENTIN.

Oh! c'est pour le coup!

MADAME LAHORIE, impatientée.

Eh! non, mon cher! D'ailleurs j'ai eu deux maris!

QUENTIN.

Eh! il fallait donc le dire tout de suite!

* Mme Toupart, Mme Lahorie, Quentin, Toupart.

SCÈNE VI

CLAIRE, LES PRÉCÉDENTS, JENNY, en amazone blanche.

CLAIRE, entrant avec Jenny.

Enfin! la voilà!

QUENTIN.

Eh! arrive donc! (Madame Lahorie et madame Toupart remontent en causant.)

JENNY, avec noblesse.

Bonjour, monsieur! (Elle lui tend sa main à baiser.)

QUENTIN*.

La main seulement! Merci! (Il lui baise le front.)

JENNY.

Ah! que vous êtes vulgaire, mon père!

CLAIRE.

Mais d'où viens-tu?

QUENTIN.

Oui, d'où viens-tu?

JENNY.

De la falaise!... où j'écoutais cette grande symphonie de la mer!

QUENTIN.

Oui, et puis le dîner sera trop cuit!

JENNY.

Ah! le dîner! Est-ce que l'on dîne?

QUENTIN.

Mais non, on ne dîne pas, et c'est ce dont j'enrage!

JENNY.

Adressez-vous à mademoiselle Claire.

QUENTIN.

Cette idée de se percher sur un rocher, toute seule, comme un albatros!

JENNY, mélancoliquement.

Je n'étais pas seule! J'étais avec un jeune homme... (Mouvement de Claire) que vous ne connaissez pas!

* Claire, Jenny, Quentin.

QUENTIN.

Que je ne connais pas?

JENNY.

Oui, je vous le présenterai. Il a dû vous envoyer sa carte; je
l'ai invité à venir ce soir.

CLAIRE.

Ici?

QUENTIN.

C'est donc Lazarowitch?... (Mouvement de Claire.)

JENNY.

Oui! Un pauvre exilé qui me confiait ses rêves, ses espérances, et nous disions...

QUENTIN, vivement.

Et vous disiez?...

JENNY.

Mais je crois que vous m'interrogez, monsieur?

QUENTIN.

Pardieu! oui, je t'interroge!

JENNY, faisant la moue.

Ah!... monsieur... Est-ce que nous allons revenir à ces façons
d'autrefois?

QUENTIN.

Je ne dis pas...

JENNY.

Renouveler les sottises de l'éducation française?

QUENTIN.

Il n'est pas question...

JENNY.

M'avez-vous laissée libre de voir qui je veux, où je veux,
quand je veux?

QUENTIN.

Oui, mais...

JENNY.

Alors, embrassez-moi, monsieur, et ne recommencez plus!
(Elle remonte vers le fond.)

QUENTIN, à Claire*.

Qu'est-ce que tu dis de ça, toi?

CLAIRE.

Et vous?

* Quentin, Claire.

QUENTIN.

Euh! euh!

CLAIRE.

Oui!...

QUENTIN.

Certainement... que...

CLAIRE.

Eh! bien, voilà!... (Coup de fusil. Toutes les femmes crient et redescendent.)

QUENTIN.

Mais qui est-ce qui se permet? (Claire disparait.)

SCÈNE VII

LES PRÉCÉDENTS, GABRIELLE, en costume de chasse : jupe courte, guêtres, petit paletot, casquette, carnassière, fusil. LACHAPELLE.

GABRIELLE.

C'est nous !...

QUENTIN.

Mais conçoit-on?...

GABRIELLE, donnant son fusil à Lachapelle.

Tonton, tontaine, tonton !

QUENTIN *.

Voulez-vous m'écouter ?

GABRIELLE.

Ah! qu'est-ce que c'est que ce ton-là, papa? Demandez pardon à votre fille, tout de suite.

QUENTIN.

Mais je veux...

LES FEMMES, se récriant.

Oh ! *je veux!*

QUENTIN.

Mais si tu te blessais, malheureuse ?

GABRIELLE, riant.

Allons donc !

* Toupart, Jenny, Quentin, Gabrielle, Mme Lahorie, Mme Toupart, Lachapelle au fond.

LACHAPELLE.

J'y veillais, monsieur Quentin !

QUENTIN.

Eh ! lisez les journaux... on ne voit que fusils qui partent sans être chargés ! Je vous défends de recommencer !

JENNY et GABRIELLE, riant.

Tu nous défends !

QUENTIN.

Oui... (Elles éclatent de rire.)

TOUPART.

Voilà l'effet que ça produit ?

MADAME LAHORIE.

Parbleu !...

QUENTIN.

Mais voyez-vous cette impertinence !...

GABRIELLE, lui tapant sur la joue.

Ah ! papa ! si tu savais comme tu as bien dit cela ! Et nos libertés ? Tu les biffes ?

QUENTIN.

Vos libertés ! Vous en prenez trop, de libertés !

TOUTES LES FEMMES, protestant.

Oh !

SCÈNE VIII

LES PRÉCÉDENTS, DEBORAH.

DEBORAH.

Aoh ! c'était un vacarme... qui gênait tout à fait le travail du cabinette.

QUENTIN.

Miss Deborah ! venez mettre à la raison ces petites filles et leur enseigner l'obéissance qu'elles doivent à leur père.

DEBORAH.

Aoh ! no !

QUENTIN.

Comment, no !

DEBORAH.

Je enseignai à elles le chimie, le médecine, le magnétisme, et les sciences natiourelles, mais je enseignais pas à elles le servilioude.

LES FEMMES.

Bravo! miss!

QUENTIN.

Ce n'est donc pas une science naturelle, d'obéir à son papa?

DEBORAH.

No! pas en Amérique!

MADAME TOUPART et MADAME LAHORIE.

Pas en Amérique!

GABRIELLE, à Quentin.

Ah! tu vois bien!

QUENTIN.

C'est bon! c'est bon! Ce qui est naturel, c'est de dîner. Allons dîner!

TOUS.

Allons dîner!... (Les femmes et Lachapelle entrent dans la salle à manger.)

QUENTIN, à madame Lahorie en lui offrant son bras.

Madame!..

MADAME LAHORIE, passant majestueusement devant lui.

Allons donc! mon cher! j'ai fait le tour du monde toute seule! Ce n'est pas pour prendre votre bras aujourd'hui. (Elle entre dans la salle à manger.)

QUENTIN, aburi,

Ah! (Il regarde Toupart.)

TOUPART.

Donne-moi le bras, va! Il n'y a plus que nous de femmes dans la maison! (Ils entrent dans la salle à manger. — Jean prend les objets de chasse et va pour sortir.)

SCÈNE IX

LAZAROWITCH, JEAN.

LAZAROWITCH, entrant par le fond, vivement.

On est encore à table?

JEAN.

On s'y met, monsieur.

LAZAROWITCH, mystérieusement.

Chut !.. Dites tout bas à mademoiselle Jenny que M. Lazaro-witch désire lui parler tout de suite.

JEAN, hésitant.

Moi, monsieur ?

LAZAROWITCH.

Hein ! ah ! oui, je comprends !(Il se fouille.) C'est ruineux, d'être prince... monténégrin surtout ! un peuple neuf ! On attend beaucoup des Monténégrins. — Tiens ! (Il lui donne une pièce d'or.)

JEAN.

Je vais la prévenir tout de suite, monsieur. (Il se dirige vers la porte de gauche, et arrivé près du seuil il répète :) Tout de suite.

LAZAROWITCH, seul.

C'est un drôle ! Un mauvais serviteur !.. heureusement ! car il n'y a pas à dire... il faut que je parte ce soir, moi !.. Ce télé-gramme de Paris est parfaitement clair..: pour moi ! (Il lit) « On sait que tu es à Marville, et toute la société est en route. » — Toute ma société, ce sont mes créanciers ! Des maladroits qui me feraient manquer le plus joli mariage ! Il est vrai que jus-qu'ici cette chasse à l'héritière me coûte plus qu'elle ne me rapporte. — J'en suis las, des promenades sentimentales et vertueuses sur les falaises et des ballades du Monténégro que je lui chante en alsacien ! Il est temps de brusquer le dénoû-ment ! — Un bon scandale ! la demoiselle compromise, les pa-rents trop heureux de m'accorder sa main. Voilà le but !.. Un rendez-vous ce soir, sous prétexte d'adieux... Voilà le moyen ! Et si elle n'est pas demain à Londres avec moi... c'est que dé-cidément je ne suis qu'un sot ! — La voilà !

SCÈNE X

JENNY, LAZAROWITCH.

(La scène à demi-voix. Jenny inquiète.)

JENNY, sortant de la salle à manger.

Déjà ?

LAZAROWITCH.

Ah ! Jenny !... je pars ce soir!

JENNY.

Vous partez ?

LAZAROWITCH.

Pour Londres... Mes ennemis... mes ennemis politiques ont découvert ma retraite. Il faut absolument que je vous parle seule à seul avant mon départ.

JENNY.

Ici ?

LAZAROWITCH.

Non... on pourrait nous surprendre... sortez... ce soir, je vous attendrai !

JENNY.

Mais ce n'est pas possible... A la nuit, toutes les portes sont fermées !

LAZAROWITCH.

Vous sortirez par le jardin.

JENNY.

Mais le jardin est fermé aussi, et je n'ai pas la clef !

LAZAROWITCH.

Vous l'aurez !

JENNY.

Mais...

LAZAROWITCH.

Ah ! Jenny, dites-moi que vous viendrez... il y va de mon bonheur... de ma vie !

JENNY.

Eh bien ! oui !... (Apercevant Claire.) Ah !...

SCÈNE XI

LES PRÉCÉDENTS, CLAIRE.

CLAIRE*.

Monsieur Lazarowitch, croyez-vous que ce que vous faites là soit d'un honnête homme ?

LAZAROWITCH.

Mais, mademoiselle, je ne sais ce que vous voulez dire... Je

_____

* Claire, Jenny, Lazarowitch.

3.

suis en visite chez M. Quentin, à qui mademoiselle veut bien me présenter, et...

CLAIRE, allant à Lazarowitch.

Et cela vous paraît convenable et digne, monsieur?

LAZAROWITCH.

Mais il suffit que mademoiselle le juge tel. Je la crois maîtresse de ses actions.

JENNY.

Sans doute!

CLAIRE.

Jenny! (Jenny, intimidée baisse les yeux sous le regard de Claire et rentre lentement dans la salle à manger, elle se retourne, nouveau regard de Claire plus impérieux que le premier. Jenny disparaît. A Lazarowitch:) Si vous persistez à vous faire admettre chez mon parrain, monsieur, c'est moi qui aurai l'honneur de vous présenter à lui.

LAZAROWITCH.

Vous, mademoiselle?

CLAIRE.

Tout de suite! Seulement... comment faut-il que je vous annonce? Êtes-vous bien sûr d'être Monténégrin?

LAZAROWITCH.

Moi?

CLAIRE.

D'être prince?

LAZAROWITCH.

Mais...

CLAIRE.

Et de vous appeler... comme vous dites?

LAZAROWITCH.

Mais je crois, mademoiselle...

CLAIRE.

Cherchez bien!.. On croit se nommer Lazarowitch, et l'on s'appelle tout simplement Lazare. (Mouvement de Lazarowitch.) Durandoïo... et l'on s'appelle Durand.

LAZAROWITCH, à part.

Elle y est... (Haut) Je...

CLAIRE.

Allons, monsieur Lazarowitch ou Lazare! retirez-vous, la partie devient mauvaise pour vous et votre masque ne tient plus. Vous vous êtes dit : Voilà une maison mal gardée... plus d'autorité ! plus de maître ! Le père un peu léger... la fille très-romanesque !.. La proie est facile et le butin magnifique !

LAZAROWITCH.

Je vous jure...

CLAIRE.

Voilà ce que vous vous êtes dit ! Et puis, pas de mère pour veiller sur l'enfant !.. pas de mère, n'est-ce pas? Eh bien ! vous vous trompiez !.. Il y en a une ! qui vous a deviné le premier jour ! et qui veille, qui garde !.. qui défend !.. C'est moi, et je vous jure que vous n'êtes pas de force !

LAZAROWITCH.

Vous avez raison, mademoiselle, ici je ne suis pas de force ; car mon bras est désarmé par ce seul fait que mon adversaire est une femme. Mais il se trouvera bien quelque endroit où vous ne serez pas et où il me sera permis de prendre ma revanche. Je crois qu'en vous avertissant, je fais tout ce que peut un ennemi loyal et, quoi que vous en disiez, galant homme ! (Il s'incline et sort.)

CLAIRE, seule, inquiète.

Une menace ! Un danger ! Lequel? (On entend tout le monde qui sort de table.)

SCÈNE XII

CLAIRE, QUENTIN, TOUPART, LACHAPELLE, JENNY, GABRIELLE, DEBORAH, MADAME LAHORIE, MADAME TOUPART.

QUENTIN, se frottant les mains.

Enfin ! j'ai dîné !

TOUPART et LACHAPELLE.

Nous avons dîné !...

QUENTIN.

Nous avons bien dîné ! Ah ! les millions ont du bon !

(Il va s'asseoir sur le canapé.)

GABRIELLE.

Qu'est-ce qui a du papier à cigarettes?

MADAME LAHORIE.

Moi !

(Elles vont au fond et fument ; Lachapelle leur donne du feu. Jenny, qui est entrée,
cherche autour d'elle Lazarowitch.)

CLAIRE, à Jenny, à demi-voix.

Ne cherche pas, va ! Il est parti !

JENNY.

Ah !...Eh bien ! je ne le verrai pas aujourd'hui, voilà tout !
(Elle remonte vers sa sœur.)

CLAIRE, à part.

Elle ment !... Ah ! elle médite quelque folie ; mais je l'en
empêcherai bien !

(Jean apporte un plateau avec les tasses et ce qu'il faut pour prendre le thé et le
café. Madame Toupart et Déborah entrent en causant.)

TOUPART.

Ah ! le café !... qui veut du café ?...

JENNY, TOUPART, LACHAPELLE, MADAME LAHORIE.

Du café !

MADAME TOUPART, GABRIELLE, DEBORAH.

Du thé !

QUENTIN.

Moi, j'aime mieux le café !... Mais je prends du thé ; c'est
plus américain !

CLAIRE, à madame Toupart et à Déborah.

Mesdames, ayez donc l'obligeance de servir...

MADAME TOUPART, avec dédain.

Nous !... allons donc !...

CLAIRE, se reprenant.

Ah ! pardon, j'oubliais... Alors, messieurs... veuillez servir
ces dames... (Elle donne à Lachapelle le sucrier, à Toupart la cafetière.) Et vous,
mon parrain, offrez-leur du lait ! (Elle lui donne le vase au lait.)

QUENTIN, se levant en grommelant.

Du lait !... Ça regarde les femmes, le lait !... Je ne tiens pas
de lait, moi !

CLAIRE.

Pardon ! Mais comme ces dames ne m'aident pas...

(Les trois hommes se trouvent seuls à l'avant-scène, portant : Lachapelle le sucre,
Quentin le lait et Toupart le café d'une main, et de l'autre, chacun une tasse.
Ils se regardent avec étonnement.)

QUENTIN, à demi-voix.

Nous avons l'air un peu bêtes comme cela !

TOUPART.

Peuh ! quand on y est habitué !...

LACHAPELLE.

Hercule lui-même...

QUENTIN.

C'est égal ! nous avons l'air un peu bêtes !...

(Ils remontent et servent les dames. Gabrielle redescend en prenant une tasse des mains de Lachapelle.)

JENNY*, à demi-voix, appelant Gabrielle.

Gabrielle !... (Gabrielle vint à elle.) Sais-tu ?...

(Quentin, qui a servi les dames, descend à Gabrielle et la sert, ce qui coupe la parole à Jenny. Puis Quentin remonte.)

JENNY, à demi-voix.

Sais-tu où est la clef du jardin ?

GABRIELLE, de même.

Au trousseau de Claire.

JENNY.

Tu la connais ?

GABRIELLE.

C'est la plus grosse. Je la vois d'ici. Tu la veux ?

JENNY.

Oui.

GABRIELLE.

Attends... Je vais essayer...

(Elle traverse lentement, en buvant son café, pendant les paroles suivantes.)

TOUPART, à Deborah, au fond.

Voulez-vous de la crème ?

DEBORAH.

No !... Je voulais du rhum !

LACHAPELLE, à madame Lahorie.

Madame veut-elle se sucrer ?

* Claire à la table, préparant les verres à liqueurs ; au fond, les dames et les hommes, qui les servent ; à droite, 1er plan, Gabrielle, sa tasse à la main ; Jenny.

MADAME LAHORIE, assise sur le canapé.

Sachez, jeune homme, que j'ai pris le café sous la tente avec les tribus les plus féroces, et que je ne prends pas de sucre!

GABRIELLE, embrassant Claire.

Petite maman, je ne vous ai pas embrassée aujourd'hui!
(Elle cherche à prendre la clef au trousseau de Claire.)

CLAIRE, avec défiance.

Ce retour de tendresse!... Qu'est-ce qu'il te prend donc... à toi?...

GABRIELLE, l'embrassant.

Oh!... rien!... (Claire a versé du rhum dans un petit verre qu'elle donne à Quentin pour miss Deborah. Le trousseau échappe à Gabrielle, qui redescend avec dépit. A part.) Il n'y a pas moyen... (Elle fait signe à Jenny qu'elle a échoué.)

QUENTIN.

Allons, Toupart! si nous faisions notre partie d'échecs, nous?

MADAME TOUPART.

Et pendant ce temps-là, miss Deborah va enseigner à vos filles les droits de la femme! (Elle place une chaise au milieu, pour Deborah.)

QUENTIN.

Après dîner, est-ce bien amusant?

MADAME TOUPART.

Ce n'est pas amusant, monsieur, c'est instructif... et tout le monde en profitera, même mademoiselle...
(Elle désigne Claire qui a pris sa broderie et travaille assise près de la table. On enlève le plateau; Toupart et Quentin commencent une partie d'échecs; Gabrielle s'assied près de Claire sur un tabouret pour tâcher de prendre la clef. A droite, sur le canapé, madame Lahorie, Jenny. Au milieu de la scène, troisième plan, miss Deborah, madame Toupart assise. Lachapelle debout, regarde jouer.)

CLAIRE.

Oh! pour moi, je vous remercie, madame, car sur ce que vous appelez mes droits je me déclare suffisamment instruite, et ne suis curieuse que de mes devoirs.

MADAME LAHORIE, à madame Toupart.

Vous oubliez, ma chère Pulchérie, que mademoiselle désavoue notre programme, et n'aspire à rien moins qu'à devenir une femme forte.

CLAIRE.

Pardonnez-moi, madame; si vous entendez par la force, ce courage qui nous soutient dans nos épreuves et qui nous permêt de vaincre la malice des autres et nos propres défauts, je ne sais rien de plus désirable; mais si la force consiste pour vous à lutter avec ces messieurs de vigueur, d'audace et de laisser-aller, j'avoue que je suis bien résolue à rester faible toute ma vie!

MADAME LAHORIE.

A ce compte, mademoiselle ne voit aucun avantage pour une jeune femme à pouvoir se conduire et se protéger elle-même.

CLAIRE.

Cela vaut-il, madame, à votre avis, la douceur de s'appuyer sur le bras de celui qu'on aime?

(Gabrielle détache la clef du trousseau de Claire. Elle se lève vivement et sans bruit, et passe derrière tout le monde en traversant la scène, au fond.)

TOUPART.

Très-bien! (Sa femme lui impose silence d'un coup d'œil.)

MADAME TOUPART.

Bref! Il faut nous abêtir, n'est-ce pas? Et borner notre ambition à repriser des serviettes et à ourler des mouchoirs?

CLAIRE, n'apercevant plus Gabrielle auprès d'elle, regarde son trousseau et s'aperçoit de la disparition de la clef. A part.

Elle a pris la clef!... Ah! tu ne la garderas pas longtemps, cette clef!... (Elle reprend la conversation tout en observant Jenny et Gabrielle.) Oh! que non! madame! Je nous crois au contraire le droit de savoir tout ce que nous sommes capables d'apprendre.

LES FEMMES, vivement.

Eh bien! alors...

(Gabrielle est arrivée près de Jenny; elle lui donne la clef en cachette; Jenny se lève doucement, Gabrielle prend sa place sur le canapé, et Jenny, debout derrière elle, attend le moment de gagner la porte sans être vue.)

CLAIRE.

Mais c'est afin que nous soyons (à madame Toupart) plus sensées... (à madame Lahorie) plus douces... (à Deborah) plus séduisantes; et pour tout dire en un mot, plus femmes! Autrement tout ce que l'on gagne ne vaut pas ce que l'on perd!... Que madame Toupart lise, médite, écrive même, j'applaudis des deux mains, si elle a du talent! mais ce que je regrette: c'est qu'elle n'écrive plus sa dépense. (A ce moment Jenny se dirige vers le fond.) Miss Deborah prétend nous guérir, je le veux bien... (Aux hommes.) Mais la voyez-vous disséquer! Que madame Lahorie voyage, rien de mieux! Mais sa vertu sera-t-elle mieux portante quand elle aura dormi sous la tente du Bédouin. Enfin (elle se lève brusquement en regardant Jenny, qui est sur le point de sortir et qui s'arrête court) Jenny chevauche sur les falaises, ce n'est que romanesque. Mais qu'elle quitte la nuit le toit paternel pour courir je ne sais où! Comment cela s'appellera-t-il? (Jenny baisse les yeux et redescend.)

MADAME LAHORIE.

Conclusion!... L'exploitation de la femme par l'homme! l'éteignoir du mari!... Et la société sera privée de tous les services et de tous les chefs-d'œuvre dont nous pouvons l'enrichir comme artistes, journalistes, médecins, jurisconsultes, magistrats et soldats au besoin, le tout pour que monsieur ait son dîner cuit à point, et ses enfants faits à terme!

DEBORAH, se levant.

Yes! le baby!... Mais nous voulons que les hommes étaient aussi des babys devant nous... et qu'ils étaient à nos genoux... et que nous serions les plus fortes!

LES FEMMES.

Certainement!

CLAIRE.

Ah! voilà justement le malheur, miss... c'est que vous n'êtes plus femmes, et alors vous n'êtes plus fortes...

LES FEMMES, se levant.

Plus fortes!

CLAIRE.

Non! non! mesdames! Car notre force, à nous, c'est notre bonne humeur, notre grâce, notre bonté, et tous ces fils dorés dont nous enlaçons les cœurs, par la plus grande des violences... celle qui ne se sent pas... C'est le conseil donné tendrement à l'oreille; c'est le reproche glissé dans une caresse... C'est l'amour que nous inspirons et l'estime où l'on nous tient. Et quand nous les voulons à nos pieds ces hommes, qui sont toujours de petits enfants pour leurs mères, et de grands enfants pour leurs femmes, ce n'est pas en fronçant le sourcil que nous les faisons plier; c'est en souriant. Ce n'est pas en criant bien haut : *Je veux!* mais en murmurant tout bas : *Si vous vouliez...*

TOUPART, ému.

Ah! voilà!...

(Les femmes remontent au fond en haussant les épaules.)

QUENTIN.

Je ne puis pourtant pas admettre que je me sois trompé, et qu'en élevant mes filles à l'anglaise et à l'américaine!...

CLAIRE.

Eh! mon parrain! laissez les Américains faire à leur guise, ils sont chez eux, et nous sommes chez nous!... Que leurs demoiselles courent les champs... (Elle regarde Jenny) qu'elles sacrifient leur candeur d'enfant au savoir précoce, et se préparent aux luttes de la vie par le danger, tant mieux pour elles, si elles s'en trouvent bien et si leurs mères y consentent... (Regardant Jenny et Gabrielle*.) Mais j'ai connu la vôtre, chères enfants... C'était une âme si craintive... un cœur si doux et si tendre... Ce n'est pas elle qui eût permis à sa Gabrielle la chasse et l'escrime!... Ce n'est pas de son vivant que Jenny serait sortie au clair de la lune... Car, au moment de fuir, elle se serait dit : Et si ma pauvre mère s'éveille... si elle trouve la chambre vide!... elle va m'appeler et me chercher partout, épouvantée, pleurant, folle de douleur! Ah! je suis donc bien coupable... ce que je fais là est donc bien mal... et... n'est-ce pas que tu ne serais pas sortie?

JENNY, frappée et laissant échapper un cri comme malgré elle.

Oh! non!

(Elle laisse tomber la clef. — Claire regarde Gabrielle qui se met à genoux lentement, ramasse la clef et la lui présente en lui disant d'un ton suppliant.)

GABRIELLE.

Petite maman!..

CLAIRE, les attirant dans ses bras.

Ah! chères enfants!

QUENTIN, à qui Jean a remis une carte, se levant tout à coup.

Debout, debout! C'est lui! c'est Jonathan Quentin!

TOUS.

Jonathan!

TOUPART, avec douleur.

Il n'a pas fait naufrage!

QUENTIN, se boutonnant, et redressant son col.

Le citoyen de la jeune Amérique!.. L'homme moderne!.. l'homme sérieux, l'homme pratique!

MADAME TOUPART, vivement.

Ah! mon Dieu! suis-je bien coiffée!

DEBORAH.

Un compatriote!...

* Toupart, Quentin, Lachapelle et les femmes au fond; Claire au milieu du théâtre; à l'avant-scène, Jenny, Gabrielle.

QUENTIN, se tournant vers la porte.

Qu'il entre, ce fils de la civilisation moderne !... qu'il entre !
(Tout le monde se range pour faire place à Jonathan.*)

JONATHAN, dehors.

By God ! on y va ! on y va !

JEAN, en dehors.

Par ici, monsieur, par ici !

SCÈNE XIII

LES PRÉCÉDENTS, JONATHAN.

(Entre Jonathan, un nécessaire de voyage à la main, une canne et un chien.)

QUENTIN.

Mon neveu !..

JONATHAN.

Ah ! c'est vous qui êtes mon oncle ! (A Jean.) Eh ! le garçon ! soigne mon chien ! (Il caresse son chien, que Jean emmène.)

QUENTIN, à ses filles.

Il pense d'abord à son chien ! Quel homme pratique !

JONATHAN, de bonne humeur.

Eh bonjour tout le monde ! By God ! En voilà-t-il des femmes, ici. (Tout le monde le regarde d'un air effaré.) Eh bien ! qu'est-ce que vous avez tous à me regarder comme cela ?

QUENTIN.

On vous admire, Jonathan !...

JONATHAN, riant.

Ah ! ne vous gênez pas ! Je suis un bon garçon moi ! Qui est-ce qui m'accroche mon chapeau par là? (Il jette son chapeau en l'air.)

GABRIELLE, bas à Quentin.

Mais c'est un butor !

QUENTIN.

Oh ! c'est un pionnier ! ne perdons pas de vue que c'est un pionnier !

* Toupart, Deborah, Mme Laborie, Mme Toupart, Lachapelle, à gauche ; à droite, Quentin, Jenny, Gabrielle ; Claire derrière le canapé.

JONATHAN, au fond.

Ah! Dieu de Dieu!... Mais voilà-t-il des femmes!...

QUENTIN, présentant madame Toupart.

Votre tante, Jonathan... la sœur de votre père...

JONATHAN.

Tiens! je la croyais morte!

MADAME TOUPART.

Morte!...

QUENTIN.

Vous ne l'embrassez pas?

JONATHAN, se levant.

Si elle y tient! Est-ce que vous y tenez?... Oui! Eh bien!
allons!... (Il l'embrasse.)

JENNY, à Quentin.

Mais dis donc, il n'est pas poli!

QUENTIN, à demi-voix.

Poli!... Il en a bien le temps! Une nature énergique! vivace,
pleine de séve!... (Haut à Jonathan.) Mes deux filles!...

JONATHAN, indifféremment.

Ah! ah!... charmantes!

QUENTIN.

Madame Lahorie!... une voyageuse!

JONATHAN, serrant la main de madame Lahorie.

Ah! ah!

QUENTIN.

Et votre compatriote, miss Deborah!...

JONATHAN, à lui-même.

Ah! merci!... les compatriotes!... Je sors d'en prendre!..
(Haut.) Et ce petit ratatiné là-bas? (Il montre Toupart.)

TOUPART.

Moi?

JONATHAN.

Oui!

QUENTIN.

Chut!... C'est votre oncle Toupart!

JONATHAN, riant.

Ah! le mari de... bon! bon! Il a une drôle de tête!

TOUPART.

Mais il m'insulte!

MADAME LAHORIE, le lorgnant.

C'est un rustre!... mais il est bien attaché!

JONATHAN.

Ah çà! c'est fini, n'est-ce pas,.le défilé? Je souperais bien, moi!

QUENTIN.

Vous n'avez pas soupé?

JONATHAN.

Si fait! à quatre heures; mais je recommencerais bien!

CLAIRE.

On va vous servir, monsieur. (Elle sort.)

JONATHAN, se retournant.

Tiens! Ce n'est pas encore une cousine, celle-là?

QUENTIN.

Non!... C'est ma filleule.

JONATHAN, indifféremment.

Allons, tant mieux! C'est bien aimable à vous, mon oncle, d'avoir pensé à moi, comme cela, pour cet héritage...

QUENTIN, lui serrant les mains.

Ah! c'est que je suis un Américain, moi, pour les affaires!

JONATHAN.

Est-ce cette maison-là qui est à moi? (Surprise générale.)

TOUPART, rectifiant.

A moi! A nous!...

QUENTIN.

Mon Dieu! oui, à nous!... à lui, à nous enfin!

JONATHAN.

Qu'est-ce qu'il dit, le petit vieux?

QUENTIN.

Ne faites pas attention, il dit que la maison est à nous. C'est clair : à nous trois, comme tout l'héritage, enfin!

JONATHAN.

Comment! à nous trois!... Qu'est-ce que vous me contez là, mon oncle!

QUENTIN.

Comment! ce que je vous conte! Je vous conte ce que vous savez aussi bien que moi... que nous héritons tous les trois!

JONATHAN.

Mais voilà l'erreur! C'est moi qui hérite!

QUENTIN.

Vous?

JONATHAN.

Tout seul!...

TOUS.

Tout seul !

TOUPART, riant.

Oh ! celle-là est bonne, par exemple... elle est trop bonne

QUENTIN.

Voyons, voyons! il y a coq-à-l'âne, mon neveu. Il s'agit de l'héritage de notre oncle Quentin-Mascaret.

JONATHAN.

Je sais bien !

QUENTIN.

Mort sans testament !

JONATHAN.

Oui !

TOUPART, s'échauffant

Eh bien! alors, nous sommes trois héritiers légitimes!

JONATHAN.

Ta! ta! ta! ta! ta! Qu'est-ce qu'il jabote, le petit! Il n'y a pas d'héritiers légitimes, puisqu'il y a donation entre-vifs, de tous les biens du défunt !

TOUS.

Donation !

JONATHAN, tirant un papier.

Pardine! à mon père, par contrat de mariage que voilà signé du défunt! Ça vaut tous les testaments du monde, ça!

QUENTIN, regardant le papier.

Juste ciel !

TOUPART.

Enfer et donation !

QUENTIN, tombant accablé.

Nous sommes ruinés!...

TOUTES LES FEMMES FORTES, s'évanouissant sur les chaises, les canapés, etc.

Ah !...

JONATHAN, repliant son papier.

Voilà! (Regardant Claire, debout près de Quentin.) Tiens! il n'y a que celle-là qui n'a pas bronché!...

FIN DU DEUXIÈME ACTE.

ACTE TROISIÈME

Même décor. — Une table à droite, près de la cheminée, à la place du canapé.

SCÈNE PREMIÈRE

LACHAPELLE, GABRIELLE.

LACHAPELLE, entrant.

Ah! c'est trop fort!

GABRIELLE, entrant.

Plaît-il?

LACHAPELLE.

Pardon! Je parle de ce coquin de Lazarowitch que je viens de rencontrer allant au chemin de fer.

GABRIELLE.

Le prince?

LACHAPELLE.

Il m'a crié: « Eh bien! ils sont donc ruinés, ces pauvres gens?... Un neveu d'Amérique... on m'a conté cela... c'est très-drôle!... » Et là-dessus, il s'est sauvé!

GABRIELLE.

Ah! le monstre! Il s'en va maintenant que ma sœur n'a plus de dot.

LACHAPELLE.

Justement!

GABRIELLE.

Ma pauvre Jenny; allons la prévenir...

LACHAPELLE.

Oui, mademoiselle!

GABRIELLE.

Ah! les hommes!

LACHAPELLE, s'arrêtant.

Mais pardon... distinguons... (Prenant son parti.) Aussi bien, je suis pressé et le temps de l'hésitation est passé... Oui, je n'hésite plus!

GABRIELLE, reculant.

Mais qu'est-ce que c'est que ça, mon Dieu!

LACHAPELLE.

Voilà six mois, mademoiselle, que je consulte mon cœur à l'instigation de mademoiselle Claire, et que je me demande si je vous aime pour tout de bon, ou si je ne vous aime pas!

GABRIELLE.

Ce doute me charme!

LACHAPELLE.

Il n'y a plus de doute, mademoiselle, en vous voyant hier évanouie, j'ai compris pour la première fois ce qui se passe dans cette âme... je vous aime! C'est un fait avéré, incontestable!

GABRIELLE.

Mais prenez garde! S'il y avait malentendu, si c'était ma sœur au lieu de moi?

LACHAPELLE, frappé et réfléchissant un instant.

Votre sœur... (Avec décision.) Non!

GABRIELLE.

Alors, c'est très-décidément?

LACHAPELLE.

Vous!

GABRIELLE.

Eh bien! qu'est-ce que vous voulez que j'y fasse?

LACHAPELLE.

Mais je veux que vous m'autorisiez à demander votre main à monsieur votre père.

GABRIELLE.

Sans dot?

LACHAPELLE.

Voilà ma nature: dès qu'une femme n'a plus de dot, je me présente!

GABRIELLE.

Mais c'est très-beau, cela!

LACHAPELLE, modestement.

Est-ce beau?

GABRIELLE.

Mais c'est héroïque !...

LACHAPELLE, idem.

Ah !

GABRIELLE.

Mais vous êtes tout bonnement un grand homme !

LACHAPELLE, idem.

Oh !

GABRIELLE.

Mais je vous aime beaucoup, moi !

LACHAPELLE, vivement.

Alors vous consentez...

GABRIELLE.

A quoi ?

LACHAPELLE.

A m'épouser...

GABRIELLE.

Oh ! non !

LACHAPELLE.

Comment, non ?

GABRIELLE.

Vous autoriser à me faire une cour assidue pendant un nombre illimité d'années, oui. Mais me marier !...

LACHAPELLE.

Eh bien ?

GABRIELLE.

Moi !.. J'enchaînerais ma liberté !... et je vous jurerais obéissance... Jamais !

LACHAPELLE.

Ah ! c'est moi qui mettrai mon bonheur à vous obéir !...

GABRIELLE.

Oui, oui... on dit ces choses-là ! puis après !... Lisez l'ouvrage de miss Deborah sur le mariage, c'est à faire dresser les cheveux sur la tête. Des maris qui ne veulent pas que leurs femmes sortent toutes seules... qui lisent leurs lettres, qui refusent de les mener au spectacle... qui les ramènent du bal à une heure du matin... qui se font tirer l'oreille pour un cachemire, qui les tutoient devant le monde, et pour diminuer d'autant leur importance par des comparaisons insultantes, les appellent mon petit chat, mon petit chien, mon petit chou...

LACHAPELLE.

Oh !... je ne vous appellerai jamais...

GABRIELLE.

Non ! non ! Je ne veux pas me marier, tant qu'on n'aura pas réformé tout cela !

LACHAPELLE.

Mais ce sera bien long !

GABRIELLE.

Tant pis pour vous ! Si toutes les jeunes filles faisaient comme moi !...

LACHAPELLE.

Mais vous ne serez plus une jeune fille !... Vous serez une vieille fille !...

GABRIELLE.

Miss Deborah l'est bien !

LACHAPELLE.

Elle l'est mal !

GABRIELLE.

Bien ou mal, je vous défends de demander ma main à mon père !

LACHAPELLE.

Mais...

GABRIELLE.

Car d'abord, je ne sais pas jusqu'à quel point il a le droit de la donner !

LACHAPELLE.

Et puis ?

GABRIELLE.

Et puis... Il faut aller prévenir ma sœur... Venez, venez !...

(Elle sort à gauche.)

LACHAPELLE, la suivant.

Mais ce n'est pas votre dernier mot !... Et à mon retour... (Il va prendre son chapeau ; entrent Toupart et Quentin.) Ah ! mon Dieu !... monsieur Quentin ! Toupart !... Quelles figures !

SCÈNE II

TOUPART, QUENTIN.

(Ils entrent tous deux la tête basse, et, arrivés à l'avant-scène, se regardent consternés.)

QUENTIN, après un moment de silence.

Si nous consultions un autre homme d'affaires ?

TOUPART, soupirant.

Consultons !

QUENTIN.

Et quand je pense qu'il était en Californie et que c'est moi qui l'ai fait venir !

TOUPART.

Oui !...

QUENTIN, l'interrompant.

Quand tu me feras des reproches : c'est fait ! c'est fait ! n'est-ce pas ?...

TOUPART, surpris.

Mais je ne dis...

QUENTIN, de même.

Toutes ces récriminations n'embelliront pas la situation présente !

TOUPART.

Mais puisque...

QUENTIN, de même.

Elles ne feront qu'ajouter à nos douleurs celle de la discorde !

TOUPART.

Mais je ne...

QUENTIN, de même.

Tu regrettes ta vivacité, n'en parlons plus ! Donnons-nous la main, et soyons unis, Toupart, nous serons forts !...

TOUPART.

Mais je ne demande pas mieux !

QUENTIN, baissant la voix.

D'autant qu'il n'a pas l'air de l'être, lui !

TOUPART.

Non !

QUENTIN.

Un charpentier !

TOUPART.

Sans usage !

QUENTIN.

Aucun usage !... Est-ce qu'il n'est pas encore couché, à cette heure-ci ?

TOUPART.

Et de vieux madrés comme nous, car je suis Normand, moi.

QUENTIN.

Et moi donc !

TOUPART.

Avec un peu de bonne volonté, on le jouerait par-dessous...

QUENTIN, l'interrompant.

Chut ! Le voilà !

(On aperçoit Jonathan, qui arrive tranquillement en taillant de petits morceaux de bois avec son canif.)

TOUPART, bas.

Ce charpentier ! Il coupe de petits morceaux de bois avec son canif !...

QUENTIN, bas.

Oui, oui, ces Américains coupent toujours quelque chose !... Une manie !... comme de s'asseoir les jambes en l'air ! Un joli pays pour les bonnes façons !... Ne faisons pas semblant de le voir !

TOUPART.

C'est cela ! ayons l'air très-satisfaits !... Il ne se doute pas que nous avons consulté.

SCÈNE III

TOUPART, QUENTIN, JONATHAN.

(Toupart et Quentin affectent de ne pas voir Jonathan et fredonnent.)

JONATHAN.

Eh bien, qu'est-ce qu'il dit, l'homme de loi ?

QUENTIN, stupéfait.

Vous savez ...

TOUPART, id.

Il sait !...

JONATHAN.

Moi, rien du tout ! Seulement, je vous ai vus debout à quatre heures du matin. Je me suis dit : Ils vont au Havre consulter un avocat en cachette... Je le saurai bien... et vous voyez ! — Je le sais.

QUENTIN et TOUPART, un peu sots.

Ah !...

JONATHAN.

Il vous a donc dit que votre affaire n'était pas fameuse, hein ?

QUENTIN et TOUPART.

Non !

JONATHAN, tranquillement.

Si!... Que ma donation était inattaquable?

QUENTIN et TOUPART.

Non!

JONATHAN.

Si!... Et que vous n'aviez plus droit à rien?

QUENTIN et TOUPART.

N...

JONATHAN.

Si!...

QUENTIN, éclatant.

Eh bien! oui!

JONATHAN.

Ah!

QUENTIN.

Mais il n'y a pas qu'un avoué en France! Et tous les avoués ne sont pas du même avis; et nous en trouverons bien un qui nous dira que nous avons raison et nous plaiderons! (A Toupart.) Faisons-lui peur!

TOUPART, bas.

C'est ça! (Haut.) Nous plaiderons!

JONATHAN.

Vous perdrez!

QUENTIN.

Ta, ta, ta. (Bas à Toupart.) Il ne connaît pas la loi française... Je vais l'éblouir. (Haut.) Ah! vous croyez, beau neveu, qu'on peut dépouiller sans réserves les héritiers légitimes?...

JONATHAN, à cheval sur une chaise; il a commencé à tailler le dos de la chaise après avoir jeté son petit morceau de bois.

« Les libéralités par actes entre-vifs ou testamentaires peuvent épuiser la totalité des biens. » Code civil, art. 916.

TOUPART, à Quentin.

Il sait le code!

QUENTIN, à Jonathan.

Oui, mais en attendant, ne coupez pas ma chaise!

JONATHAN.

Bah! elle est à moi, la chaise!

QUENTIN.

A vous! à vous!... c'est ce qu'il faut prouver!...

TOUPART, qui a tiré et ouvert son code d'un air triomphant.

C'est ce qu'il faut prouver! — car... « La donation deviendra caduque (Appuyant), CADUQUE! pour cause d'ingratitude... » Art. 953.

QUENTIN, vivement.

Et avez-vous été assez ingrats pour ce pauvre Quentin Mascaret! — L'avez-vous assez abandonné dans ses derniers jours!...

TOUPART.

A sa dernière heure!

QUENTIN.

Ingratitude!

TOUPART.

Monstrueuse!

JONATHAN, de même.

« *Mais il n'y aura caducité pour cause d'ingratitude que si le donataire a attenté à la vie du donateur, ou s'il l'a injurié ou battu, ou s'il lui a refusé des aliments...* » Art. 955.

TOUPART, regardant le code.

C'est exact! — Il est joliment fort!

QUENTIN.

Cette législation n'a pas de cœur!... Mais ne coupez donc pas ma chaise!...

JONATHAN.

Mais elle est à moi, la chaise!

TOUPART, qui feuillette le code.

Pas encore! — Je le tiens!... nous le tenons!... *Pour faire une donation, il faut être sain d'esprit!...* Article 901.

QUENTIN, lisant son code.

Parbleu! — Et le défunt n'était pas sain d'esprit, puisque c'est vous qu'il a choisi pour héritier!

JONATHAN.

Prouvez que *pas sain!...*

TOUPART.

Nous le prouverons!

QUENTIN, feuilletant.

Et nous prouverons qu'il était *dans un état habituel d'imbécillité, de démence et de fureur.* 489.

JONATHAN.

Les faits seront articulés par écrit! 493. Articulez!

TOUPART.

Nous articulerons!

JONATHAN.

Vos témoins et vos pièces?

QUENTIN.

Nous produirons nos témoins et nos pièces!

TOUPART, feuilletant avec rage.

Car il y a captation!

QUENTIN, feuilletant.

Captation! Où est la captation, Toupart?

TOUPART, feuilletant.

Je la trouverai! Où est-elle?

JONATHAN, tranquillement.

Elle n'y est pas!

TOUPART et QUENTIN, s'arrêtant.

Hein?

JONATHAN, de même, taillant toujours sa chaise.

Voyez Dalloz, Répertoire général. *Verbo : Dispositions entre-vifs et testamentaires*. Titre 2. Chapitre 2. Section 1re. Art. 1er. Paragraphe 8. N° 247!

TOUPART, découragé, rengainant le code.

Ah! nous ne sommes pas de force!

QUENTIN, exaspéré.

Mais ne coupez donc pas ma chaise, sapristi!

JONATHAN.

Mais elle est à moi, sapristi!

QUENTIN, rengainant son code.

(Il prend Toupart à part.) Toupart! l'intimidation réussit mal!

TOUPART.

Bien mal!

QUENTIN, de même.

C'est un homme pratique. Voilà l'inconvénient des hommes pratiques! Si nous rusions maintenant?

TOUPART.

Oui, rusons!

QUENTIN, revenant à Jonathan.

Voyons, mon neveu... (A lui-même.) Cette manie de coupailler! (Haut.) Je pense bien que vous n'avez pas l'intention de vendre l'usine?

JONATHAN.

Non!

QUENTIN.

Vous continuerez la fabrication des épingles?

JONATHAN.

Oui!

QUENTIN, souriant.

Eh bien, mais cela va tout seul alors ; nous voulions nous proposer l'association. — Offrez-nous-la, nous acceptons !

TOUPART, appuyant de même.

Voilà !

QUENTIN, bas à Toupart et regardant l'effet produit su. Jonathan.

Je crois que c'est assez rusé ?

TOUPART, bas.

Je crois aussi !

JONATHAN, qui a entendu.

Je crois aussi !... Mais je n'ai pas besoin d'associés !

QUENTIN.

Vous ne connaissez pas la partie !... Un charpentier !

JONATHAN, se levant brusquement.

Allons donc ! Des épingles ou des poutres ! Mais je la sais par cœur, votre fabrique : c'est mal bâti, mal établi, mal mené, et je vais vous faire marcher ça, vous allez voir !...

QUENTIN et TOUPART.

Ah !

JONATHAN.

D'abord, les ateliers par terre, c'est trop petit ; et le moulin à bas, c'est trop grand ; et la rivière ici, c'est trop loin ; et les forges au delà, c'est trop près ! — Et ce salon-là. Regardez-moi cela ! — En voilà de la place perdue... (Quentin et Toupart regardent d'un air effaré tout ce qu'il leur montre.) Quand j'aurai fait passer ici trois tuyaux de calorifère... sous le plafond, les conduits de gaz ; sous le parquet, les conduits d'eau ; un treuil dans un coin, un moufle dans l'autre, avec des fils électriques en travers pour les ordres et un chemin de fer en biais pour les paniers ; vous verrez un peu la mine que ça aura !

QUENTIN, étourdi.

Eh bien, et le thé ?... où le prendra-t-on, le thé ?

JONATHAN.

On le prendra au milieu !

QUENTIN, à Toupart.

C'est un homme qui défriche. Voilà l'inconvénient des hommes qui défrichent ! Prenons-le par le cœur !

TOUPART.

Tâtons le cœur ! Et ta famille, Jonathan ? et tes bons parents, mon enfant, où les mettras-tu ?

JONATHAN.

Qui ça, mes parents... Vous?

QUENTIN.

Oui. Voilà bien les rails, les treuils et les moufles ; mais les bons parents ?

JONATHAN.

Ah çà, voyons, la main sur la conscience, êtes-vous bons à quelque chose, vous deux ?

QUENTIN.

Mais, bons à tout !

JONATHAN.

Eh ! bien, on verra, on tâchera de vous caser quelque part !

TOUPART, avec amertume.

Il nous *casera* !

QUENTIN.

Caser tes oncles ?... les frères de...

JONATHAN.

Ah ! quand vous seriez mes grands-pères, est-ce que je vous dois quelque chose, moi ? Je ne dois rien à personne ! A quinze ans je gagnais ma vie tout seul ! Et le vieux... (mon père) ne me donnait pas un dollar ! A dix-sept ans, j'étais caissier ; à dix-neuf, je montais une scierie ; à vingt, j'étais riche ; à vingt-deux, ruiné ; à vingt-huit, je recommençais, et à quarante j'aurai triplé mon capital. Chacun pour soi et *en avant !* C'est la devise américaine, et la mienne ! Ce qui ne m'empêche pas d'être un bon garçon qui sera toujours enchanté de faire avec vous sa partie de quilles le dimanche !

TOUPART.

Pour le moment, c'est nous qui sommes les quilles !

QUENTIN, à lui-même.

Nature positive ! Voilà l'inconvénient des natures positives ! Mais, enfin, tu te marieras bien !

JONATHAN.

Pourquoi faire ?

QUENTIN.

Mais pour avoir une petite femme !.. élevée à l'américaine !..

JONATHAN.

Ah ! avec ça que j'aime les petites femmes ! Sans parler des mioches, du beau-père, de la belle-mère, et du reste !.. merci !.. une femme qui n'a en tête que ses chiffons, qui bavarde, raconte vos affaires, vous brouille avec les amis, vous fait recevoir des gens qui vous déplaisent et qui crie toute la journée; qui crie si vous rentrez trop tôt, qui crie si vous rentrez trop tard, qui crie si vous ne rentrez pas du tout? Non, non, non! Pas si bête, Jonathan! Je me marierai quand je ne serai plus bon à rien!

QUENTIN.

Pourtant... nous en avons ici....

JONATHAN.

Stop! Je vais donner un coup d'œil aux livres. Préparez vos comptes de tutelle.

TOUPART.

Nos comptes!...

JONATHAN, se ravisant.

Ah! si vous voulez rester pour dîner, je veux bien; mais pas lesfemmes!... hein?... pas les femmes! (Il sort.)

SCÈNE IV

TOUPART, QUENTIN, puis CLAIRE, MADAME TOUPART, MADAME LAHORIE, GABRIELLE, DEBORAH.

TOUPART, imitant Quentin.

Ah! ah! vous allez voir l'homme moderne, le pionnier de la civilisation!... le pionnier qui défriche la nature! — Défriché Toupart! Défriché Quentin! (Montrant la chaise.) Défriché les meubles!

QUENTIN.

Et quand je pense que c'est moi qui l'ai fait venir de Californie!

MADAME TOUPART, entrant par le fond.

Eh bien?

MADAME LAHORIE et DEBORAH, par la gauche.

Eh bien?

JENNY, CLAIRE et GABRIELLE, par la droite.

Eh bien?

QUENTIN.

Oui, oui, arrivez!... Il est gentil, le charpentier!

MADAME TOUPART.

Il ne consent pas?

TOUPART.

A votre départ, si! si!

TOUTES.

Notre départ ?

QUENTIN.

Il veut bien nous caser, nous, mais il ne veut pas de vous.
Voilà tout ce que nous avons obtenu.

MADAME TOUPART.

Je vous fais mes compliments, messieurs!

QUENTIN et TOUPART.

Mais... cependant...

MADAME TOUPART.

Et voilà ces hommes qui prétendent avoir le monopole de
l'esprit, de l'intelligence et des affaires!

QUENTIN.

Mais....

MADAME TOUPART.

Taisez-vous!... Vous n'êtes pas seulement capables d'apprivoiser un imbécile!...

TOUPART.

Mais....

MADAME TOUPART.

Ah!.. Il est temps que les femmes s'en mêlent!

QUENTIN.

Vous ?

MADAME LAHORIE.

Nous allons réparer vos sottises! Dehors les hommes!

TOUPART.

Mais... pourtant....

MADAME TOUPART, les poussant vers la porte.

Dehors les hommes!

QUENTIN.

Au moins, dites-nous...

TOUTES, criant.

Dehors les hommes!
(Quentin et Toupart assourdis se sauvent. — Toupart entraine Quentin.)

MADAME LAHORIE.

Sexe bavard! (Toutes les femmes redescendent vivement.)

MADAME TOUPART.

Mesdames, le Capitole est menacé, et... (A Claire.) Vous nous
quittez, mademoiselle?

CLAIRE.

‹ Ah ! madame, je n'ai pas qualité comme vous pour le sauver. (Elle sort.)

SCÈNE V

MADAME TOUPART, MADAME LAHORIE, DEBORAH, GABRIELLE, JENNY.

MADAME LAHORIE.

Serait-ce une épigramme?

MADAME TOUPART.

Mesdames ! mesdames ! délibérons au pied levé. Catilina est à nos portes ! il s'agit de dompter ce farouche personnage et de rester dans la maison ; que chacune donne son avis, — je recueillerai les voix par rang d'âge.

TOUTES.

Oui !

MADAME TOUPART.

La plus âgée d'abord. Parlez ! (silence.) Eh bien ?

MADAME LAHORIE.

J'attends que miss Deborah commence.

DEBORAH.

Aôh ! — C'était le plus âgé qui commençait...

MADAME LAHORIE.

Allons, ma chère ! vous allez nous faire croire que je suis votre aînée, moi?...

DEBORAH.

Yes !

MADAME LAHORIE.

Mais, mon petit poulet, ne nous faites donc pas de ces histoires-là. — Tout le monde sait très-bien que vous avez quarante-cinq ans au moins....

DEBORAH.

J'en avais vingt-deux ! Vingt-deux !

MADAME TOUPART, les séparant.

Mesdames ! mesdames ! Catilina est à nos portes et nous nous chamaillons !

MADAME LAHORIE.

Eh bien, moi, je suis pour les moyens violents.

JENNY.

Et moi, aussi depuis la trahison de M. Lazarowitch !

GABRIELLE.

Et moi je suis pour la douceur! — Qui dompte les bêtes les plus féroces? l'amour. Faisons-lui tourner la tête et nous lui dicterons nos conditions.

MADAME TOUPART.

Et quel moyen?

GABRIELLE.

Un moyen de son pays. : la *flirtation*.

TOUTES.

La *flirtation!*

MADAME TOUPART.

Qu'est-ce que c'est que ça?

GABRIELLE.

La *flirtation!* c'est ce qui remplace, en Amérique, la coquetterie française... c'est une façon de provoquer ces messieurs... légèrement... en rougissant... et de les regarder en face, en baissant les yeux ! enfin... c'est la *flirtation*.... Demandez à miss...

MISS DEBORAH.

Yes.

MADAME TOUPART.

Que les personnes qui sont pour la *flirtechione* lèvent la main !

(On lève la main.)

JENNY.

A l'unanimité !

GABRIELLE.

Et maintenant aux armes, c'est-à-dire à la toilette !

(Tout le monde sort. Madame Toupart reste.)

SCÈNE VI

MADAME TOUPART, puis JONATHAN.

MADAME TOUPART.

Puisque les convenances me défendent d'user comme elles de mes avantages, préparons-lui un speach! Le voilà !

JONATHAN. Il entre tenant un crayon et un calepin et comptant.

Dix et quinze vingt-cinq, et huit trente-trois, et sept quarante! — Ah! c'est ma tante Toupart! (Il fait comme s'il ne l'avait pas vue et va pour s'éloigner.)

MADAME TOUPART, l'arrêtant.

Mon neveu! Je laisserai à d'autres le soin de faire appel à votre générosité... à d'autres la tâche plus ingrate de discuter vos droits... à d'autres le pénible office de vous intimider!.. Je mettrai la question plus haut!.. Je ne vous dirai rien...

JONATHAN, lui serrant la main.

Eh bien, à la bonne heure, ma tante!.. vous êtes une femme raisonnable, vous! (Recommençant ses comptes.) Et huit, trente-trois, et sept...

MADAME TOUPART, continuant.

Rien que ce qui pourra toucher votre raison!.. Et d'abord examinons la question au point de vue philosophique et social, et voyons, sur le fait d'héritage, si la législation a sauvegardé les intérêts de la femme... Eh bien, non! mon neveu! interrogez l'histoire... Esclave chez les Grecs et reléguée à l'ombre du gynécée, — servante au moyen âge et reléguée à l'ombre du donjon, — la femme n'a jamais pu ni ester en justice, ni contracter, ni acquérir, ni donner, ni écrire, ni penser, ni parler...

JONATHAN, impatienté.

Mais vous voyez bien que si, ma tante.

MADAME TOUPART.

Ne m'interrompez pas, Jonathan! Et examinez d'abord les femmes antiques.

JONATHAN, la regardant.

Eh bien, c'est tout vu, ma tante... restons-en là!

MADAME TOUPART.

Plaît-il?

JONATHAN.

Je dis que c'est tout vu!.. Laissez-moi donc finir mes comptes, sapristi!... Et sept quarante, et dix... cinquante! cinquante!

MADAME TOUPART.

Mais je l'ai entendu! et cette allusion à mon âge est du plus mauvais goût.

JONATHAN.

Hein?

MADAME TOUPART.

Vous ne répondez à mes raisons que par des insultes, n'est-ce pas?

JONATHAN.

Moi ?

MADAME TOUPART.

Comme un véritable rustre que vous êtes !

JONATHAN, riant.

Ah çà !

MADAME TOUPART.

Allez ! vous êtes bien un homme !

JONATHAN, de même.

Je l'espère bien !..

MADAME TOUPART.

Mais ça ne durera pas !

JONATHAN.

Ah bah !

MADAME TOUPART.

Je m'entends !

JONATHAN, riant.

Vous criez assez fort pour ça !

MADAME TOUPART.

Et vous êtes un malappris !

JONATHAN, riant.

Oui, ma tante

MADAME TOUPART, exaspérée.

Adieu !

JONATHAN.

Bonsoir ! (Seul, reprenant son compte.) Et sept, quarante, et huit, quarante-huit... (Il continue tout bas, et va pour sortir à droite. Entre Gabrielle.)

SCÈNE VII

JONATHAN, GABRIELLE, JENNY.

GABRIELLE.

Ah ! mon cousin !

JONATHAN.

Pardon... (Il gagne la gauche : entre Jenny.)

JENNY.

Monsieur Jonathan... (Il salue et va pour sortir par le fond.)

GABRIELLE.

Comment ! vous nous quittez ?...

JONATHAN.

Oui, oui, je cours après la tante Toupart.

JENNY, minaudant.

Oh! pas si vite!

GABRIELLE, de même.

Pas avant que nous ayons fait connaissance... Venez... venez...

JONATHAN.

Plus tard! plus tard!

GABRIELLE, l'attirant à droite vers la chaise.

Asseyez-vous là... allons! allons! je vous en prie...

JONATHAN, à part.

Qu'est-ce qu'elle me veut, celle-là? (Il prend la chaise et va pour s'asseoir.)

JENNY, à part.

Ah! mais, elle va trop vite! (Au moment où Jonathan prend la chaise, elle pousse un cri.) Ah! (Elle jette son mouchoir à terre.)

JONATHAN.

Hein!

JENNY, languissamment.

J'ai laissé tomber mon mouchoir.

JONATHAN.

Eh bien, ramassez-le!

JENNY.

Ah! mon cher Jonathan!

GABRIELLE, à part.

A-t-elle de l'aplomb, cette Jenny!

JONATHAN, ramassant le mouchoir.

Le voilà, cousine!... (Il le lui jette.)

JENNY.

Tenez! (Elle lui tend sa main à baiser.)

JONATHAN.

Quoi?

JENNY.

Je vous permets...

JONATHAN.

Quoi?

JENNY.

Il faut donc vous le dire? — un baiser.

JONATHAN, indifférent.

Ah! (Il prend brusquement sa main pour en finir.)

GABRIELLE, à part.

Ah! mais non! Elle va trop vite. (Poussant un cri au moment où Jona-than va baiser la main.) Oh !

JONATHAN.

Hein !

GABRIELLE.

Mon peigne est détaché !.. Jonathan! mon cher Jonathan !..

JENNY, à part, avec dépit.

Est-elle effrontée, cette Gabrielle !

GABRIELLE, à Jonathan.

Aidez-moi à le remettre.

JONATHAN.

Ah çà, est-ce que vous me prenez pour votre domestique, à la fin ?

JENNY et GABRIELLE, protestant.

Oh !

JONATHAN.

Mais vous savez que vous ne m'amusez pas du tout avec vos grimaces !

GABRIELLE.

Ah! le vilain cousin !

JENNY.

Vous ne voulez donc pas *flirter* ?

JONATHAN.

Flirter ?

GABRIELLE et JENNY.

A l'américaine ?

JONATHAN.

Ah! vous voulez? — Ah ! c'est... Il fallait le dire ! (A part.) Attends, va! Je vais t'apprendre à flirter, moi ! — Laissez-moi remettre votre peigne, ma toute belle.

GABRIELLE.

A a bonne heure !

JONATHAN, baisant les cheveux de Gabrielle.

Voilà !

GABRIELLE, saisie.

Mon cousin...

JONATHAN, réitérant.

Oui, mon ange!

JENNY, se levant.

Eh bien! qu'est-ce qu'il fait donc ?

JONATHAN, courant à Jenny et lui prenant la taille.

Je *flirte*, mon mignon!

JENNY, effrayée, en se sauvant.

Monsieur...

JONATHAN.

Ah! vous voulez *flirter*, *flirtons*! (Il court à Gabrielle.)

GABRIELLE, attrapée par Jonathan dans un coin et cachant son visage.

Au secours! (Le menaçant.) Je griffe!...

JONATHAN.

Flirtons! flirtons! (Il la ramène de force sur le devant de la scène.)

JENNY, perdant la tête et se sauvant.

Ah! c'est indigne!

JONATHAN, courant à elle sans laisser Gabrielle et la ramenant également sur le devant de la scène.

De vous abandonner!... oui, ma charmante!

JENNY, se défendant.

Au secours!

GABRIELLE, de même.

A l'aide!

JONATHAN, vivement.

Voilà pour vous apprendre... (il embrasse Jenny) à ne pas faire (il embrasse Gabrielle) des avances... (il embrasse Jenny) qui ne sont (il embrasse Gabrielle) ni convenables (il embrasse Jenny) ni décentes! (il embrasse Gabrielle.)

GABRIELLE et JENNY.

Grâce!

JONATHAN.

Vous ne recommencerez plus?

TOUTES DEUX.

Non.

JONATHAN.

Jamais! jamais?

TOUTES DEUX.

Jamais!

JONATHAN.

C'est bien; allez! et ne péchez plus! (Reprenant son compte.) Quarante-huit et deux, cinquante.

GABRIELLE, se frottant la joue.

Cinquante! Il y en a bien cent!

(Elles se rajustent.)

JONATHAN, se retournant.

Eh bien !

GABRIELLE et JENNY, effrayées, courant.

Ah !... (Elles se sauvent.)

(Madame Lahorie entre et les regarde sortir.)

SCÈNE · VIII

JONATHAN seul, puis MADAME LAHORIE.

JONATHAN.

Cinquante et huit.... Je ne sais plus où j'en suis !

MADAME LAHORIE, lui frappant sur l'épaule.

Des gamines, mon cher monsieur Jonathan, de véritables gamines !

JONATHAN.

Encore ! By God !

MADAME LAHORIE.

Ce qu'il faut à un homme comme vous, c'est une femme énergique, une maîtresse femme !

JONATHAN, fermant son calepin.

(A part.) J'y renonce ! (Haut.) Ah ! vous croyez ?

MADAME LAHORIE.

Parbleu ! est-ce que vous resterez en France, vous ? Vous étoufferiez dans ce potager ! Il vous faut l'Amérique, les sierras, les savanes... le désert, le désert surtout ! avec ses prairies plantureuses... et ses forêts vierges, et dedans, une femme comme les prairies...

JONATHAN.

Oui, et comme les...

MADAME LAHORIE.

Un détail ! un détail ! L'important, c'est qu'elle soit capable de faire au besoin le coup de fusil et de pousser la charrette par derrière. Ah ! Jonathan, j'ai vécu de cette existence aventureuse, toute parfumée de senteurs balsamiques, j'ai chassé l'ours dans les montagnes Rocheuses, j'ai pioché l'or... J'ai été attachée au poteau de guerre des Apaches...

JONATHAN, joignant les mains.

Et ils vous ont lâchée !

MADAME LAHORIE.

Ah ! vous allez voir comment ! Nous étions en caravane de six : trois bandits échappés des présidios du Mexique, deux nègres et moi ! Nous nous égarons : plus de vivres ; on mange les mulets... puis les selles et les brides, et nous allions passer aux nègres, quand nous tombons sur une tribu d'Apaches en tenue d'été. Je m'arrête, en passant, pour faire un croquis de ce tableau ; les Apaches me saisissent, me garrottent, je me vois perdue... Quand tout à coup, brisant mes liens d'un seul effort, je pousse un cri formidable... mais un cri, monsieur, qui n'avait rien d'humain... un cri !... attendez ! je vais essayer de le reproduire...

JONATHAN.

Non, non ! c'est inutile.

MADAME LAHORIE.

A ce vacarme, les Apaches tombent foudroyés, croyant à l'apparition d'une divinité vengeresse ! Je m'élance à la nage dans le fleuve ; je gagne l'autre rive, je saute sur un cheval sauvage ; et me voilà !

JONATHAN, soupirant.

Et vous voilà, by God !

MADAME LAHORIE.

Du reste, une force herculéenne ! Voyez mes biceps !... de l'acier !

JONATHAN.

Pardon, je...

MADAME LAHORIE.

Touchez ! touchez ! Voilà les effets de l'escrime et du trapèze ? Qu'est-ce que vous dites de ça ?

JONATHAN.

Diable !

MADAME LAHORIE.

C'est sec, nerveux ! je suis taillée pour la course. (Elle va montrer sa jambe.)

JONATHAN, l'arrêtant.

Oui, oui ! je vous crois !

MADAME LAHORIE.

Avec cela, vous comprenez qu'une femme n'est embarrassée de rien ! Elle peut aller partout, et je n'ai pas besoin de vous dire que je suis encore telle que je suis sortie... des bras de mon second mari !

JONATHAN.

Ah !

MADAME LAHORIE.

Quand ferez-vous le troisième, Jonathan ?

JONATHAN.

Moi ?

MADAME LABORIE.

Oui !

JONATHAN.

Dieu me damne! ma bonne dame, moi !... affronter cette musculature... être serré dans ces biceps d'acier... jamais!

MADAME LAHORIE.

Comment !

JONATHAN, éclatant.

Voulez-vous me laisser tranquille, vous ! Est-ce que vous êtes folle?

MADAME LAHORIE.

Folle !

JONATHAN.

Oui, folle !

MADAME LAHORIE.

Mais vous savez que vous êtes un manant, vous; et que vous ne me faites pas peur, entendez-vous ?

JONATHAN.

Eh bien ! vous, c'est différent, vous me faites peur !

MADAME LAHORIE.

Et si vous n'êtes pas content!... je suis votre femme!

JONATHAN.

Ah ! mais je ne suis pas votre homme !

MADAME LAHORIE.

Il m'insulte !

JONATHAN.

Baraque de maison, avec ses horreurs de...

SCÈNE IX

LES PRÉCÉDENTS, DEBORAH.

DEBORAH.

Quel tioumoulte!

JONATHAN.

Une autre! Allez-vous-en! allez-vous-en! allez-vous-en!
(Il la prend violemment par le bras, la fait passer devant lui, et remonte pour
sortir. Miss Deborah et madame Lahorie s'élancent vers lui.)

DEBORAH, de même.

Mauvais garçone! il osait toucher... what is the word... biousculer! (Elle s'embrouille et finit par parler américain. Jonathan et madame Lahorie aussi
en même temps.) See what a wretch you, are to dare, to puch
me! You are an ignorant, brute, and a disgrace to America!

JONATHAN.

Will you let me alon, there are women every where; go
to the devil you, she, and all the rest!

MADAME LAHORIE.

Yes! yes! Help me, miss Deborah, and we will throw him
out af the window.

Ensemble :

SCÈNE X

LES PRÉCÉDENTS, QUENTIN, TOUPART, MADAME TOUPART,
GABRIELLE, JENNY.

QUENTIN, accourant et les séparant.

Qu'est-ce que c'est que ça, bon Dieu!

TOUPART, de même.

On se tue!

JONATHAN, hors de lui.

Sortez tous! sortez de ma maison!

QUENTIN.

Mon neveu!

JONATHAN.

Il n'y a pas de neveu !... Je vous donne une heure pour me débarrasser de vous, de vos paquets et de vos jupons... Une heure, entendez-vous, ou je vous fais emballer par mes ouvriers ! (Il remonte vers la cheminée, et boit un verre d'eau. La nuit commence à venir.)

QUENTIN, aux femmes.

Ah ! voilà l'effet que vous produisez, vous !...

TOUTES.

C'est lui qui !...

QUENTIN.

Vous voulez apprivoiser un ours, et vous le rendez enragé !

MADAME TOUPART.

Mais, mon frère, toute la famille...

QUENTIN.

Ah ! parlons-en, de ma famille ! Et qu'est-ce que vous en avez fait de ma famille ? Une maison à l'aventure !... le gâchis, le désordre et le gaspillage partout !... (Montrant Jenny.) Une fille qui court la pretantaine à cheval !... (montrant Gabrielle) l'autre qui court le lièvre !... (montrant sa sœur) une vieille folle qui radote !... (montrant Deborah) une vieille fille qui baragouine !... (montrant madame Lahorie) et un Turco !... La voilà, ma famille !... Où peut-on être plus mal qu'au sein de ma famille ?...

DEBORAH.

Mais...

QUENTIN.

Ah ! vous, la médecine !... Allez voir... au Niagara, si j'y suis... (Aux autres.) Et vous, allez faire vos malles !...

GABRIELLE.

Nous-mêmes !...

QUENTIN.

Allez faire vos malles !...

JONATHAN, redescendant furieux.

Allez faire vos malles, by God !...

QUENTIN.

Mais on y va ! on y va !... Et dire que c'est moi qui l'ai fait venir de Californie !

(Jonathan les fait tous reculer et toutes les portes se referment sur lui en même temps.)

SCÈNE XI

JONATHAN, seul ; il prend une chaise et s'étale avec bonheur.

Enfin ! je suis seul chez moi !... Ce n'est pas malheureux !...
(Il regarde l'heure.) Cinq heures !... Les ouvriers sont partis !... Je
n'ai plus qu'à dîner !... Qu'est-ce que j'ai fait de mon sac ?...
Voilà mon sac et des vivres !... (Il tire différents objets.) Le thé ! la
théière ! Je vais faire un repas délicieux !... Oui, mais je voudrais bien avoir de la lumière... Qui va là ?

SCÈNE XII

JONATHAN, CLAIRE, avec une lampe.

CLAIRE.

Pardon, c'est moi !

JONATHAN.

Encore une !... Mais il y a en a donc toujours !...

CLAIRE.

Je vous prie de m'excuser, monsieur Jonathan, je viens
chercher...

JONATHAN, brusquement.

Allez-vous-en !...

CLAIRE.

Dans ce cabinet !...

JONATHAN.

Allez-vous-en !...

CLAIRE.

Pardon !... c'est une malle...

JONATHAN.

Pour partir ?...

CLAIRE.

Oui ! pour partir !...

JONATHAN.

Prenez ! prenez !...

CLAIRE, à part, traversant pour aller au cabinet.

Trop aimable!... (Elle ouvre la porte du cabinet.) Voici la malle!

JONATHAN. (Il prépare sa théière; Claire cherche à tirer la malle hors du cabinet, il la regarde en haussant l'épaule.)

Vous n'en viendrez jamais à bout!

CLAIRE.

Oui, c'est un peu lourd!

JONATHAN.

Ôtez-vous de là! Ôtez-vous de là, je vous dis! Vous allez vous faire mal!... (Il apporte la malle sur la scène, et regardant Claire.) Tiens, c'est la petite qui ne s'est pas évanouie hier.

CLAIRE.

Je vous remercie!...

JONATHAN, posant la malle à terre.

C'est vide!... Qu'est-ce que vous allez mettre là-dedans?

CLAIRE.

Le linge de table qui est dans cette armoire. (Elle ouvre la malle.)

JONATHAN.

Ah! c'est vous qui êtes chargée de ces choses-là!

(Il va pour verser l'eau dans la théière.)

CLAIRE, s'arrêtant.

Vous ne faites pas chauffer la théière avant?

JONATHAN, surpris.

Non!

CLAIRE.

Il faut toujours commencer par là!

JONATHAN.

Oh! je ne suis pas si raffiné que cela, moi!

CLAIRE.

Oh! il n'y a pas besoin d'être raffiné pour... Voulez-vous me laisser faire votre thé?

JONATHAN.

Un rendu pour un prêté! — Je veux bien!

CLAIRE, après avoir échaudé la théière, préparant le thé.

Et où allez-vous le prendre, ce thé?

JONATHAN, montrant la table.

Là-dessus!

CLAIRE.

Sans nappe !

JONATHAN.

Bah !

CLAIRE.

Oh ! ce n'est pas permis : attendez ! (Elle jette une nappe sur la table.)

JONATHAN.

Quel luxe !

CLAIRE, mettant le petit couvert.

Non ! non ! ne touchez à rien ! Les hommes ont la main trop lourde !... Chacun son métier ! (Elle va chercher une serviette dans l'armoire et revient.)

JONATHAN, mangeant.

C'est gentil de la voir trotter comme ça ! Et puis elle ne fait pas d'embarras celle-là, on ne l'entend pas !

CLAIRE, lui versant une tasse de thé.

La !... voilà votre thé ! Tenez !...

JONATHAN, s'asseyant.

Ma foi, merci, mademoiselle. Comment vous appelez-vous ?

CLAIRE.

Claire !

JONATHAN, sucrant.

Claire ! c'est un joli nom !... Claire ! (Mouvement de Claire. Il reprend brutalement.) Je vous dis que c'est un joli nom ! (Il boit.)

CLAIRE, à la malle.

Merci pour lui ! — Est-il bon ?

JONATHAN.

Ah ! délicieux ! Ah le bon thé ! voilà de bon thé... Est-ce que vous en faites comme cela à mon oncle ?

CLAIRE.

Tous les soirs ! (Elle va à l'armoire.)

JONATHAN.

Il est bien heureux, mon oncle ! (Regardant l'armoire qui est pleine de linge.) Et son linge qui est tout rangé dans l'armoire : c'est vous qui rangez ça ?...

CLAIRE, apportant un petit guéridon près de la malle, à gauche.

Mais oui !...

JONATHAN, soupirant.

Ah ! cela me rappelle ma pauvre mère ! Elle avait aussi une grande armoire comme vous, et des serviettes et des nappes

jusqu'en haut ! avec des petits rubans roses, bleus pour s'y re-
connaître ! Voilà une femme courageuse à l'ouvrage, ma mère,
et qui tenait bien sa maison !... Et qui m'aimait !... Ah ! que
tout cela est loin, et que c'est près tout même quand on y pense !

(Claire, pendant que Jonathan parlait, est allée à l'armoire et a pris des nappes et
des draps qu'elle dépose sur le guéridon.)

CLAIRE, s'arrêtant.

Elle est morte ?

JONATHAN.

Oui, j'avais quinze ans ! Et il n'y a plus de femmes pareilles,
voyez-vous ! il n'y en a plus qu'une par-ci par-là, comme vous,
peut-être !...

CLAIRE.

Moi ?

JONATHAN.

Oui, quand je vous vois aller et venir, avec votre linge sur
les bras, il me semble que je m'y retrouve... elle glissait
comme vous, sans faire de bruit... et il y a longtemps que je
ne me suis vu comme cela, tranquille, chez moi, bien assis,
avec de vrais meubles, de vraies armoires et de vrai thé !...
Ah ! cela a son bon côté tout de même ; c'est ce qu'elle me di-
sait toujours, la pauvre femme, quand je parlais de quitter la
maison ! et je lui répondais si durement... Elle pleurait, en se
cachant, et puis elle est morte... et alors... Ah ! parlons d'autre
chose. Tenez, voulez-vous en prendre une tasse avec moi ?

CLAIRE.

Non, merci !

JONATHAN.

C'est vrai !... C'est bête, ce que je vous offre là ! Ah çà, vous
paye-t-il bien, au moins, mon oncle, pour tout le soin que
vous avez de lui ?

CLAIRE, appareillant les serviettes, etc.

Il m'aime comme si j'étais son enfant ! Franchement, c'est
bien payé.

JONATHAN, se levant.

Parbleu ! j'en ferais bien autant à sa place ! une femme qui
veille à tout, qui mène tout, qui fait marcher les domestiques !
Il est vrai qu'il ne va plus en avoir, de domestiques.

CLAIRE (à son linge).

Dame ! non !

JONATHAN.

C'est tout au plus s'il sera à son aise, l'oncle Quentin! Qu'est-ce que vous allez faire chez lui?

CLAIRE, continuant.

Ce que je faisais ici.

JONATHAN, rabattant avec le pied le couvercle de la malle et s'asseyant dessus.

Oui, en petit! Et si on vous offrait de belles conditions pour rester?

CLAIRE.

Ici?

JONATHAN.

Oui! ici!

CLAIRE.

Avec vous?

JONATHAN.

Avec moi, oui!... Car enfin, il faudra bien les remplir demain, mes armoires! Et il faudra bien quelqu'un pour le ranger, ce linge!... et pour me faire mon thé... Me voilà propriétaire... Je voudrais bien trouver mon couvert mis quand je rentre, et mon feu allumé.

CLAIRE.

Mariez-vous!

JONATHAN, s'apprêtant à allumer sa pipe et se levant.

Ah! bigre, non! par exemple!... j'aime trop à faire mes volontés, et...

CLAIRE, vivement.

Vous allez fumer?

JONATHAN.

Eh bien?

CLAIRE.

Oh! *si vous vouliez* ne pas fumer! Je vous serais bien reconnaissante: je ne peux pas supporter la fumée de tabac!

JONATHAN.

Ah!... Eh bien, voilà un défaut, par exemple! de ne pas supporter le tabac!

CLAIRE.

Si vous voulez, je m'en irai, et...

JONATHAN, déposant sa pipe et l'arrêtant.

Non! non!... ne vous en allez pas, et répondez-moi un peu!

CLAIRE.

A quoi ?

JONATHAN, se rapprochant d'elle, un pied sur la malle.

A ce que je vous ai dit! Combien me prendrez-vous pour rester chez moi à gouverner ma maison ?

CLAIRE.

Mais d'abord, ce n'est pas possible!... et je ne suis pas encore d'un âge!...

JONATHAN.

On jaserait!... Vous croyez qu'on jaserait?... Au fait! il y aurait de quoi!... Oui!... vous et moi ! (A lui-même, en redescendant.) Tiens!... tiens! c'est une idée, cela!... Elle me revient tout à fait, cette petite-là !

CLAIRE, allant à l'armoire prendre du linge.

Et puis, autre raison...

JONATHAN.

Autre raison!

CLAIRE.

Mon oncle a besoin de moi, et ce n'est pas quand il est pauvre... (Elle revient avec des draps.)

JONATHAN.

Eh bien! au contraire, il me semble que c'est le moment de le quitter!

CLAIRE.

En Amérique peut-être; mais en France, c'est le moment de rester!

JONATHAN, reprenant sa pipe.

Ah!... vous avez raison!... Eh bien, je me passerai de vous, voilà tout !

CLAIRE.

Est-ce que vous allez?...

JONATHAN.

Quoi? (Claire lui montre la pipe.) Ah! oui; j'oubliais!... Tiens! (Il casse sa pipe.) Va au diable, toi! (Il se verse un grand verre de rhum.)

CLAIRE, riant.

Il n'y a pas grand mal !

JONATHAN, se versant du rhum.

Vous trouvez, vous?... Une pipe qui a traversé avec moi le

désert du Far-West et la mer ! Les femmes ne tiennent à rien !
(Il boit.)

CLAIRE.

S'il est permis de boire du rhum comme cela! Ah! si j'étais
votre femme ou votre sœur ! (Elle retourne à l'armoire et monte sur une chaise.)

JONATHAN.

Oui! pas de rhum et pas de tabac, merci! ça serait gai!...
(Brusquement.) Tenez! ça n'en finit pas! Je vais vous aider! (A part.)
Elle commence à m'impatienter! Vrai! elle m'impatiente! (Il jette
les draps dans la malle.)

CLAIRE, tranquillement.

Non! non! Les nappes au fond... là !

JONATHAN.

Comme ça?

CLAIRE.

Oui !

JONATHAN, à lui-même et la regardant ranger.

Elle est froide, cette femme-là! Ça lui est égal... Tenez! elle
s'est mis dans la tête qu'elle s'en irait; elle s'en... Et s'il restait,
mon oncle, est-ce que vous vous en iriez?..

CLAIRE.

Oh! s'il restait!... Comme je ne veux pas le quitter... (Elle descend
à l'avant-scène, Jonathan de même.)

JONATHAN.

Eh bien! est-ce que je le chasse, moi, cet homme! S'il peut
être utile à la fabrique...

CLAIRE.

Utile!... Je crois bien, on a toujours besoin d'un second!...
Et un homme si estimé dans le pays... ce n'est pas une mauvaise enseigne pour la maison!

JONATHAN.

C'est vrai, tout de même!

CLAIRE.

Et si vous vouliez...

JONATHAN, résolument.

Eh bien, qu'il reste!

CLAIRE, vivement.

Avec ses filles?

JONATHAN.

Ah! non, par exemple!

CLAIRE.

Comment?... vous...

JONATHAN, sans l'écouter.

Oh! non... pas les filles!

CLAIRE, remontant à sa malle.

Alors, n'en parlons plus!

JONATHAN.

Eh bien! n'en parlons... (Il se retourne.) Vous continuez à faire votre malle?

CLAIRE.

Dame! vous pensez bien que mon oncle ne restera pas ici sans ses enfants...

JONATHAN.

Oui, et vous vous êtes mis dans la tête que vous vous en iriez, n'est-ce pas? Vous êtes bien contente de cela?...

CLAIRE.

Voulez-vous me passer les essuie-mains qui sont là-haut?...

JONATHAN.

Je ne suis pas votre domestique! (Il va à l'armoire.)

CLAIRE, faisant le geste de se lever.

C'est vrai!

JONATHAN, rapportant les essuie-mains.

Tenez, les voilà!... (A part.) Est-elle assez froide, cette femme-là!...

CLAIRE, à genoux, près de la malle, à gauche.

Si vous vouliez m'aider, vous seriez bien plus vite débarrassé de moi!

JONATHAN, se mettant à genoux, près de la malle, à droite.

C'est ce que je me disais! Vous n'êtes pas entêtée, vous, c'est un plaisir!... Avec cela que la cadette est agréable! une écervelée...

CLAIRE, rangeant le linge dans la malle.

Oui, mais si bonne! et l'aînée si douce! (Elle le regarde.)

JONATHAN, ébloui.

Oui, oui, je le crois!... (A part, regardant Claire.) A-t-elle de jolis yeux! Oui, mais elle est froide!... elle est froide! (Haut.) Cette idée d'avoir deux filles au lieu de deux garçons! Parlez-moi de garçons dans une maison!... C'est la force, ça! c'est les bras...

CLAIRE, faisant toujours la malle.

Et qui en est le charme et la joie? qui en est le cœur?... les filles!... (A mesure qu'elle parle, Jonathan profite de ce qu'elle se détourne en prenant le linge, pour reprendre dans la malle celui qu'elle vient de ranger et le jeter derrière lui, sur le tapis. Claire le voit du coin de l'œil, et continue.) Dès que les garçons ont quinze ans, on ne les voit plus! Mais qui reste au logis pour vous embrasser quand vous rentrez, et vous avancer le meilleur fauteuil en sautant sur vos genoux? ce sont les petites filles... Une maison pleine de garçons, c'est un jardin plein de fruits; mais il ne faut pas dédaigner les fleurs... (Le surprenant au moment où il ôte son linge.) Qu'est-ce que vous faites donc là?

JONATHAN.

Je range!

CLAIRE.

Sur le tapis?...

JONATHAN, se relevant.

Avouez que c'est pour me faire enrager, n'est-ce pas, ce que vous en faites? Vous voyez que je suis contrarié de votre départ!

CLAIRE, assise à terre, d'un air suppliant et une serviette pliée à la main, qu'elle va placer dans la malle.

Mais moi aussi, je suis contrariée! J'aimerais mieux rester ici, avec mon parrain... et ses filles, *si vous vouliez!*

JONATHAN.

Oui, oui! *si je voulais!* Toujours!... Eh bien! voyons! (Il prend la serviette d'une main sans que Claire la lâche.) Je veux bien en garder une, de ses filles... (Ils se lèvent et descendent.)

CLAIRE.

Non, les deux!

JONATHAN.

Non, rien que l'aînée; je vous accorde l'aînée!

CLAIRE.

Et la cadette?

JONATHAN.

Celle qui *flirte!* non!

CLAIRE.

Si! si!

JONATHAN, suppliant.

Oh! pas la cadette! je vous en prie! Laissez donc la serviette!

CLAIRE.

Vous auriez le cœur de séparer deux sœurs?

JONATHAN, lui arrachant la serviette.

Eh! qu'elles restent toutes les deux, puisque vous le voulez! Mais sapristi, laissez donc la serviette!

CLAIRE, courant au fond.

Je vais prévenir mon parrain qu'il reste ici avec M. Toupart.

JONATHAN, sautant.

Toupart!

CLAIRE, prête à sortir.

Oui!

JONATHAN, courant à elle.

Mais je n'ai pas parlé de Toupart, je ne veux pas de Toupart!

CLAIRE.

Oh! vous voulez séparer les deux frères?

JONATHAN.

Est-ce que vous vous moquez de moi?... Qu'est-ce que vous voulez que j'en fasse de votre Toupart?

CLAIRE.

Il tient si bien les écritures!

JONATHAN.

Au diable! Je n'en veux pas!

CLAIRE, revenant à sa malle.

Alors, mon parrain ne consentira jamais : n'en parlons plus! Où avez-vous mis les draps!

JONATHAN, irrité.

Là! (A lui-même.) A-t-on jamais vu...

CLAIRE.

Je ne les vois pas!

JONATHAN, jetant dans la malle tout le linge qu'il en a tiré.

Mais les voilà, sacrebleu! (A lui-même.) Cette idée de me camper encore celui-là! (Regardant Claire.) La voilà qui recommence, tenez! Dieu! qu'elle m'agace avec sa malle! (Il va et vient.) Une fille qui ferait si bien mon affaire!... de toutes les façons!... Mais si je consentais maintenant!... car je suis capable de consentir... (Haut.) Et je consentirais bien; mais c'est que je suis sûr que vous allez encore me proposer quelqu'un avec Toupart.

CLAIRE, très-doucement.

Oui ! *si vous vouliez...*

JONATHAN.

Sa femme, n'est-ce pas ?

CLAIRE, timidement.

J'y venais !..

JONATHAN.

Celle qui prêche ?

CLAIRE.

Un peu ridicule, mais si bonne femme au fond

JONATHAN, exaspéré.

Oui !... au fond. Tout au fond de l'eau !

CLAIRE.

Monsieur Jonathan !

JONATHAN.

Tenez ! tenez ! tenez ! Allez-vous-en ! J'aime mieux ça ! vo m'exaspérez !

CLAIRE.

Oh ! ne criez pas si fort ! je m'en vais !

JONATHAN, enlevant le guéridon.

Aussi bien, voilà une demi-heure que vous êtes là à me contrecarrer, à m'empêcher de fumer, de boire. Sacrebleu ! on ne m'a jamais mené comme ça, moi ! C'est honteux pour mon sexe !

CLAIRE.

Ah ! monsieur Jonathan !

JONATHAN.

Ah ! il n'y a pas de M. Jonathan !... M'avez-vous fait casser ma pipe, oui ou non ? Et tantôt celui qui aurait fait ça, je l'aurais jeté par la fenêtre ! Et tout ça pourquoi faire ? pour vous garder ici. Mais est-ce que j'ai besoin de vous, moi ? qu'est-ce que vous voulez que je fasse de vous ?

CLAIRE.

Mais ce n'est pas moi...

JONATHAN.

Si, c'est vous ! Vous faites la sucrée, là, avec vos petits airs... *Si vous vouliez !... Si vous vouliez !...* mais, sac au diable ! c'est

vous qui voulez, ce n'est plus moi! Ah çà, vous n'aurez donc jamais fini votre malle? et vous ne vous en irez donc pas?...
(Il ferme le couvercle brutalement.)

CLAIRE.

Oh! ne vous fâchez pas, monsieur Jonathan! je vais... (Elle va pour tirer la malle.)

JONATHAN, arrêtant la malle avec le pied.

Ah! vous ne pouviez pas la tirer vide! Ce n'est pas maintenant qu'elle est pleine... (Il pousse la malle du pied.)

CLAIRE.

C'est vrai!... je vais me faire aider...

JONATHAN, sautant devant elle et lui barrant le passage.

Pas encore! Vous ne comprenez donc pas?... Vous n'avez donc jamais marchandé dans votre vie? — Eh bien! je suis un marchand, moi!.. Je ne fais rien pour rien!.. Mais on peut s'entendre... s'arranger, quoi!

CLAIRE.

Comment?

JONATHAN.

Allons! Vous me comprenez bien! vous êtes assez fine pour ça. — Je le garderai, l'oncle Toupart!... Je vous passe le Toupart!... Mais tout ce que j'en fais, n'est-ce pas,.. c'est pour vous garder... c'est pour vous avoir... et je voudrais bien qu'il m'en revînt quelque chose par avance, comme qui dirait les arrhes du marché!...

CLAIRE.

Je ne comprends pas!

JONATHAN.

Que si fait! vous me comprenez bien!

CLAIRE.

Non!

JONATHAN.

Enfin, je voudrais... vous et moi, n'est-ce pas?... une belle fille et un beau garçon... je m'en vante! Eh bien... enfin, quand ce serait, n'est-ce pas?... ça ne fera de mal à personne, et en attendant... comme ça, un petit baiser!

CLAIRE.

Ah!

JONATHAN, *éclatant.*

Eh bien, vous y voilà... Tenez!... vous m'avez rendu fou! — Je vous aime comme un perdu!... et bon gré mal gré vous ne vous en irez plus!..

CLAIRE.

Laissez-moi sortir...

JONATHAN.

Ah! bien oui!... ne faites donc pas la méchante... comme cela, pour un petit baiser!

CLAIRE.

Laissez-moi, ou j'appelle.

JONATHAN.

Bah! on ne viendra pas!

CLAIRE.

Laissez-moi!

JONATHAN.

Je te dis qu'on ne viendra pas! et que tu ne me fais pas peur avec tes petites mains! Tiens! voilà ce que j'en fais, de tes petites mains! (Il écarte les mains de Claire et va pour l'embrasser.)

CLAIRE, *criant.*

Ah!...

JONATHAN, *la lâchant.*

Quoi?

CLAIRE, *faisant comme si elle s'était blessée aux ciseaux pendus à sa ceinture.*

Vous m'avez fait mal!...

JONATHAN.

Blessée?

CLAIRE.

Avec les ciseaux, oui!

JONATHAN.

Ah! c'est moi qui... Ah! brutal, butor, bête brute!

CLAIRE.

Voyons! ne jurez pas, et donnez-moi un petit linge.

JONATHAN, *courant comme un fou.*

Oui, ah! pardonnez-moi! je suis un misérable! un sauvage! Ah! mon Dieu! est-ce que c'est profond... voulez-vous de l'eau?

CLAIRE.

Non!... le petit linge, vite!...

JONATHAN, lui jetant une serviette.

Voilà!

CLAIRE.

Mais non! c'est trop grand!

JONATHAN, effaré.

Ah! c'est trop grand! Et ça? (Il lui jette une nappe.)

CLAIRE.

Mais non, dans la corbeille!

JONATHAN, lui apportant la corbeille.

Ah! oui! cela vous fait bien mal, n'est-ce pas?

CLAIRE, enveloppant son doigt avec un petit linge.

Un peu!... Nous disons donc que vous m'accordez... Toupart... Donnez-moi ce peloton de soie!...

JONATHAN, prenant le peloton.

Toupart!... oui, c'est convenu!... oui, tout ce que vous voudrez! mais je vous adore et je vous épouse!

CLAIRE.

Et madame Toupart?

JONATHAN.

Ah! non, pas madame Toupart!

CLAIRE.

Oh! que cela me cuit!

JONATHAN, effrayé.

Cela vous cuit?...

CLAIRE.

Très-fort! oui... Tenez le peloton. (Il tient le peloton, elle enroule le fil autour du linge.) Nous disons donc le mari et la femme...

JONATHAN.

Non, le mari sans la femme.

CLAIRE.

Ah! quels élancements!

JONATHAN, de même.

Des élancements! Ah! mon Dieu! qu'est-ce qui pourrait donc bien vous soulager?

CLAIRE.

Ah ! si vous m'accordiez madame Toupart, il me semble que cela me soulagerait un peu !

JONATHAN.

Non, c'est une idée que vous vous faites !

CLAIRE,

Ah ! si ! La contrariété, vous comprenez,.. cela m'irrite ! cela envenime le mal ! Aïe !

JONATHAN.

Ah ! mon Dieu ! elle crie,... Je ne puis plus,,, (Avec désespoir.) Mais c'est qu'elle est si ennuyeuse, cette femme !

CLAIRE,

Oh ! prenez garde !

JONATHAN, en gesticulant, s'embrouille dans le fil de soie.

Si bavarde !

CLAIRE, criant.

Ah ! cela s'enflamme !

JONATHAN.

Cela s'enflamme !... Si insupp...

CLAIRE, plus fort.

Oh ! la, la !

JONATHAN, empêtré dans le fil.

Eh bien ! oui, la ! je consens, mais je vous épouse...

CLAIRE, appelant.

Enfin ! Mon parrain ! mon parrain ! (Elle court au fond.)

JONATHAN, les mains prises dans l'écheveau, la suivant, tenu par un fil.

Elle me tient !... je suis pris !... Elle m'entraîne !.,, elle m'entraîne !

SCÈNE XIII

CLAIRE, JONATHAN, QUENTIN, TOUPART, LACHAPELLE, JENNY, GABRIELLE.

(Tous tenant des paquets et des malles.)

QUENTIN.

Qu'est-ce que c'est encore que ça ?

CLAIRE, descendant suivie de Jonathan, qu'elle tient toujours par le fil.

C'est la victoire! Laissez vos paquets! on ne part plus! on reste!

TOUS.

On reste! (Ils laissent tous tomber leurs paquets.)

CLAIRE.

Demandez à M. Jonathan! Allons! (Elle tire le fil.) Monsieur Jonathan...

JONATHAN.

Eh bien! oui, mon oncle! on reste! le logis est assez large pour tout le monde et le cœur aussi!

QUENTIN.

Tu nous gardes chez toi?

CLAIRE, tirant le fil.

Allons!

JONATHAN.

Oui!

TOUPART.

Les femmes aussi? (Jonathan semble hésiter.)

CLAIRE, même jeu.

Allons! allons!

JONATHAN, prenant son parti.

Eh bien! oui, les femmes aussi! Tenez, embrassez-moi, ma tante... (Il se jette dans les bras de madame Toupart.) Et n'en parlons plus! (Puis à Claire.) M'en faites-vous faire assez, vous!

CLAIRE.

Pas encore!

JONATHAN.

Pas encore?

CLAIRE.

Il manque quelque chose!

JONATHAN.

Ah, bien! pendant que j'y suis, tenez! il n'en coûte pas plus! (Il tire la donation et la déchire.)

TOUS.

La donation!

CLAIRE.

Brave cœur !

JONATHAN, à Claire.

Et maintenant que j'ai fait toutes vos volontés, qu'est-ce que vous me donnerez ?

CLAIRE, lui donnant ses deux mains.

Tout ! (Aux autres.) Eh bien, n'avais-je pas raison... et la plus faible n'est-elle pas encore la plus forte ?...

MADAME TOUPART.

Mais enfin, avec quoi l'avez-vous enchaîné, ce lion ?...

CLAIRE, montrant le fil de soie.

Avec cela !

FIN.

www.ingramcontent.com/pod-product-compliance
Lightning Source LLC
Chambersburg PA
CBHW060621100426
42744CB00008B/1456